W0062128

rowohlts monographien
begründet von Kurt Kusenberg
herausgegeben
von Klaus Schröter

Dylan Thomas

**mit Selbstzeugnissen
und Bilddokumenten
dargestellt von
Bill Read**

Rowohlt

Aus dem Englischen übertragen von Angela Boeckh nach der bei der
McGraw-Hill Book Company, New York, erschienenen Originalausgabe
Den Anhang besorgte Heribert Hoven
Herausgeber: Kurt Kusenberg · Redaktion: Beate Möhring
Schlußredaktion: K. A. Eberle
Umschlagentwurf: Werner Rebhuhn
Vorderseite: Bei der Probe zu «Unter dem Milchwald»
(Foto: Rollie McKenna)
Rückseite: «Time has ticked a heaven round the stars»
(Foto: Rollie McKenna)

Veröffentlicht im Rowohlt Taschenbuch Verlag GmbH,
Reinbek bei Hamburg, August 1968
Copyright © 1968 by Rowohlt Taschenbuch Verlag GmbH,
Reinbek bei Hamburg
«The Days of Dylan Thomas» © Bill Read, 1964
Alle Rechte an dieser Ausgabe vorbehalten
Satz Times (Linotron 202)
Gesamtherstellung Clausen & Bosse, Leck
Printed in Germany
1080-ISBN 3 499 50143 0

16.–22. Tausend Oktober 1989

Inhalt

Um 1938

Herkunft

Dylan Marlais Thomas wurde am 27. Oktober 1914 im Hause Cwmdonkin Drive 5 in Swansea (Stadtteil Uplands) in der Grafschaft Glamorgan in Südwales geboren. Swansea war, wie Dylan schreibt, *eine häßliche, wunderschöne Stadt (war und ist es wenigstens für mich), die sich an einer langen, herrlich geschwungenen Küste ausbreitet, wo Schulschwänzer und Strandläufer und alte Männer nach Strandgut suchten, umhertrödelten, wateten und den Schiffen nachsahen, wie sie hafenwärts zogen oder fortdampften ins Abenteuer und nach Indien, ins Wunder und nach China – in Länder, die von Apfelsinen leuchten und widerhallen von Löwengebrüll.* Swansea war und ist eine schöne Stadt; seine Häuserzeilen schlingen sich in Serpentinen um Hügel, die eine hufeisenförmige Bucht umgeben. Es steht im Dunst und Regen schimmernd und geheimnisvoll da; wenn die Sonne hervorkommt glitzern die Schieferdächer wie Diamanten. Swansea ist auch eine häßliche Stadt. Aber wenn die unerfreulichen Seiten seiner Heimatstadt den Swanseaer einmal bedrücken, richtet er den Blick auf das Landschaftsparadies der Halbinsel Gower im Westen, die mit fast 200 Quadratkilometern in den Kanal von Bristol hinausragt. Vom berühmten Leuchtturm Mumbles Head bis zu dem eigenartigen Vorgebirge The Worm's Head an der Bucht von Rhossili erstrecken sich die grünen Heiden und sandigen Buchten, die halbmondförmigen Strände und großartigen Steilufer Gowers, die schroff ins Meer stürzen. In Llanrhidian steht der Artusstein, ein über vier Meter hoher Dolmen, ein ehrwürdiges walisisches Denkmal. Noch heute ist dies Land des goldgelben Ginsters, der blauen Schmetterlinge und der Meeresbrise das Land der Sommerfreuden, das es in den zwanziger Jahren war, als der junge Dylan am Strand der Bucht von Rhossili entlang lief. Nördlich der Halbinsel liegen die Bucht von Carmarthen, Pendine Sands und die Grafschaft Carmarthenshire, aus der Dylans Vorfahren stammen.

Der bedeutendste von ihnen war Dylans Großonkel William Thomas, als Schriftsteller bekannt unter dem Pseudonym Gwilym Marles, 1834 geboren. Zunächst Kongregationalist, dann Unitarier, wurde er später Pfarrer an zwei kleinen unitarischen Kirchen im südlichen Cardiganshire. Er gab die Zeitschrift «Yr Athraw» [Der Lehrer] heraus, schrieb einen Roman für eine walisische Monatsschrift und verfaßte Artikel für die Zei-

Cwmdonkin Drive mit Blick auf Mumbles

Im rechten Teil des Doppelhauses verlebte Dylan Kindheit und Jugend

Die Bucht von Rhossilli (Halbinsel Gower)

tung der walisischen Unitarier. Von 1860 bis zu seinem Tod 1879 leitete er eine Schule. Ein Gedicht aus seinem 1859 veröffentlichten Band «Prydyddiaeth» [Poesie] wurde in das heutige «Oxford Book of Welsh Verse» aufgenommen.

Sein Bruder, Dylans Großvater Evan Thomas, war Bahnwärter bei der Great Western Railway und starb 1911, also noch vor Dylans Geburt. Der einzige Intellektuelle unter seinen drei Söhnen war Dylans Vater David John, geboren 1876. David John errang ein Stipendium, das ihm das Studium ermöglichte. Er wählte das University College von Wales in Aberystwyth, wo er Latein, Englisch, Logik und nebenbei etwas Französisch und Walisisch studierte und sich auf den Lehrberuf vorbereitete. Neben dem Studium betätigte er sich ausschließlich auf dem Gebiet der Musik. Im Jahre 1899 machte er seinen Bachelor of Arts mit besonderer Auszeichnung in Englisch. Bald darauf wurde er Englisch-Lehrer an der Oberstufe des Gymnasiums von Swansea.

In Swansea lernte er die sechs Jahre jüngere Florence Williams kennen. «Florrie», ein junges Mädchen mit leuchtenden Augen und lockigem Blondhaar, war die Tochter eines Bahninspektors und Kirchenältesten. Ihre Geschwister wurden später berühmt als die Onkels und Tanten in

Dylans Erzählungen: Elizabeth Mary («Polly») spielte die Orgel in der Kapelle, Theodosia («Dosie») wurde die Frau des Pfarrers David («Dai») Rees. David John Thomas und Florence Williams heirateten am 30. Dezember 1903. Dylan verdankte die Vertrautheit mit der Bibel seinen Verwandten mütterlicherseits, denn der Vater hatte wenig Verständnis für das zähe Festhalten der walisischen Landbevölkerung an ihren freikirchlichen Traditionen. Der Vater erschien Dylan weniger als Agnostiker oder Atheist, sondern viel mehr als ein Mann, der eine heftige, ganz persönliche Antipathie gegen Gott hegte. Er konnte wütend aus dem Fenster schauen und grollen: «Es regnet, gottverflucht!» oder: «Die Sonne scheint – Narrenspossen, Herr des Himmels!» Dylan, die Mutter und die älteste Schwester Nancy hielten sich zur kongregationalistischen Kirche; hier erwarb Dylan auch das Sonntagsschulzeugnis, das in seinem Zimmer aufgehängt wurde. Besuchten sie übers Wochenende Onkel Dai und Tante Dosie in Newton, was oft vorkam, so gingen alle dreimal täglich zum Gottesdienst: vormittags um elf, zur Sonntagsschule um halb drei und abends um halb sieben.

Und noch etwas verdankte Dylan den mütterlichen Verwandten: die Liebe zum Landleben und zur Natur. Florrie Williams und ihre fünf Geschwister hielten sich, obgleich sie aus Swansea stammten, viel bei den

Florence Thomas, geb. Williams, um 1934   *David John Thomas, um 1900*

Dylan bei seiner Mutter vor dem Bauernhof Fern Hill, 1952

Großeltern in Carmarthenshire auf. Diese Schauplätze der Kindheit seiner Mutter besuchte auch der Junge Dylan manchmal. Am stärksten aber prägten sich ihm die langen Sommerferien bei seiner Tante Annie Jones, ihrem Mann Jim und dem Sohn Idris ein (dem Gwilym in der Erzählung *The Peaches*), die auf ihrem Hof Fern Hill in Llangain Milchwirtschaft betrieben.

Wenige Dichter haben in einer landschaftlich so schönen Umgebung gelebt wie Dylan Thomas in Swansea (und später in New Quay und Laugharne). Aus den oberen Fenstern seines Vaterhauses blickt er über Schieferdächer auf Hafen und Meer bis zum südlichen Horizont; auf der

Blick aus Dylans Fenster

anderen Seite liegt neben einem grasüberwachsenen Wasserreservoir Cwmdonkin Park, eine romantische, steil abfallende Anlage von über zwei Hektar Größe mit Steingarten, Kasperletheater, Erfrischungsbude, Musikpavillon, Trinkbrunnen und einem Teich.

Schuljahre

Als Dylan ins Schulalter kam, wurde er zu Mrs. Hole in die Schule geschickt. Der Weg zum Mirador Crescent führte bergab in Hafenrichtung, drei Häuserblocks weit. *Einzigartig war unsere Vorschule; es ging freundlich, aber entschieden darin zu und roch nach Überschuhen. Hold und stockend drangen die Töne der Klavierstunde im Oberstock in das einsame Klassenzimmer, in dem nur noch ein bisweilen tränenverschmierter Nachsitzer über einer vergessenen Rechenaufgabe saß oder irgendeine Missetat abbüßte, sei es, daß er in der Erdkundestunde ein Mädchen am Haar gezogen, sei es, daß er während des Englisch-Unterrichts jemanden unter dem Tisch verstohlen ins Schienbein getreten hatte. Hinter der Schule war ein schmales Sträßchen, in dem nur die ganz Großen, Respektlosen Steine in Fensterscheiben schmissen, sich rauften und voreinander großtaten, mit ihren Verwandten prahlten... und Tauschgeschäfte machten: Lutschstangen gegen Schleudern, alte Messer gegen Murmeln, Drachenschnur gegen ausländische Briefmarken. In dieser Gasse erzählte man sich seine Geheimnisse; hatte man keine, erfand man welche... Nachmittags durften die Kinder aus dem «Struwwelpeter» vorlesen, wenn sie artig waren. Waren sie aber ungezogen, dann saßen sie in der leeren Klasse nach und lauschten den fernen, schrecklich traurigen Klängen der letzten Klavierstunden im oberen Stockwerk.*[1]*

Auf dem Rückweg von der Mirador School pflegte Dylan in Mrs. Fergusons Süßwarenladen zu gehen, wo es die besten Lutschstangen gab, *Wundertüten für einen Penny und klebrige Süßigkeiten*. Dylan behielt sein Leben lang eine Schwäche für Leckereien.

Im September 1925, zehn Jahre alt, kam Dylan von der Vorschule auf das Swanseaer Gymnasium, an dem sein Vater Englisch unterrichtete. Das große Ereignis des ersten Schuljahrs hier war das Schulsportfest im folgenden Juni. Der elfjährige Dylan beteiligte sich am Einmeilenlauf für Jungen und ging zur allgemeinen Überraschung als Erster durchs Ziel. Ein Foto, das am Tag darauf im «Cambria Daily Leader» erschien, zeigt einen mageren Knirps mit feuchtem Lockenkopf, der zu erschöpft ist, um noch stolz sein zu können. Noch 26 Jahre später trug Dylan diesen Zei-

---

* Die hochgestellten Ziffern verweisen auf die Anmerkungen S. 141 f.

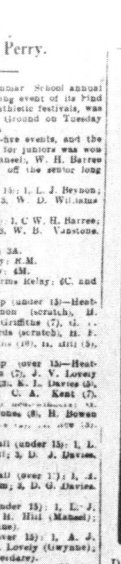

Grammar School Mile Winner.

D. M. Thomas (Mansel), who won the mile race for boys under 15 years of age, at the Swansea Grammar School sports. He is only 12 years of age.

Jungsportler Dylan im September 1925

tungsausschnitt in der Brieftasche mit sich herum. Es sollte eine seiner wenigen sportlichen Glanzleistungen bleiben. Früh zeigte sich eine Schwäche seiner Lungen; Katarrh und Husten zwangen ihn häufig, das Haus zu hüten. Später schrieb er seine Erfolge zum Teil diesem Umstand zu. *Wenn ich heute überhaupt etwas kann, dann darum, weil ich bei nassem Wetter nie draußen spielen durfte; ich blieb im Haus, las und bekam ein Gefühl für die Sprache. Es regnete viel in Swansea, als ich ein kleiner Junge war.* Er las *wahllos und ununterbrochen, bis mir die Augen fast aus dem Kopf fielen.*

Schon jetzt wünschte sich Dylan, Schriftsteller zu werden; im Dezember 1925 wurde zum erstenmal etwas von ihm gedruckt, in der Schülerzeitung des Swanseaer Gymnasiums: das Gedicht *The Song of the Mischievous Dog* nimmt den Titel eines berühmten späteren Werkes vorweg. Aber der schriftstellerische Ehrgeiz war bei Dylan keineswegs mit großer Liebe zur Wissenschaft verknüpft. Im Gegenteil – das Mißtrauen gegen alles Akademische, das er sein ganzes Leben behalten sollte, war schon in ihm erwacht. Sogar in seinem Lieblingsfach, Englisch, waren ihm die Klassiker verdächtig. Kaum hatte er zeitgenössische Lyrik entdeckt, als er sie auch schon mit der Begeisterung eines Neubekehrten verschlang: William Butler Yeats, Richard Aldington, Sacheverell Sitwell, D. H. Lawrence, Gerard Manley Hopkins. Obwohl er die Dichter aus den Lesebüchern nicht lange las, bewahrte er ihnen doch seine Achtung und sie teilten mit den Modernen den Platz an den Wänden seines Zimmers. Hier hingen Bilder von Walter de la Mare, Shakespeare, Robert Browning, Stacy Aumonier, Rupert Brooke und John Greenleaf Whittier friedlich neben einem Sonntagsschulzeugnis und dem Abdruck seines Gedichts *His Requiem*, das am 14. Januar 1927 in der «Western Mail» erschienen war.

Das Leben am Gymnasium nahm eine neue Wendung, als er den Jungen kennenlernte, der in den folgenden Jahren sein bester Freund wurde und ihm auch während des späteren Lebens freundschaftlich verbunden blieb. Dylan schilderte ihr erstes Zusammentreffen in dem Kapitel *The Fight* in *Portrait of the Artist as a Young Dog*. Der vierzehnjährige Dylan stand auf dem Schulhof und blickte neugierig in das benachbarte Grundstück, als ein fremder Junge ihn puffte. Dylan warf einen Stein nach ihm, und schon war die Balgerei im Gange. Dylan trug ein blaues Auge davon und schlug dem Älteren die Nase blutig. Als aber ein Mann, der aus seinem Garten zugeguckt hatte, sie anzufeuern begann, wehrten sich beide gegen die Einmischung und gingen schließlich gemeinsam weg.

Der fremde Junge hieß Daniel Jenkin Jones, trug eine Brille und verkündete, er sei Komponist und Poet; *mit noch nicht zwölf Jahren sei er schon Verfasser mehrerer historischer Romane gewesen, auch spiele er Klavier und Geige; seine Mutter mache Wollstickereien, der Bruder sei Büroangestellter im Hafen und habe manchmal Ohnmachtsanfälle, die Tante halte im ersten Stock Kinderschule und der Vater komponiere Orgelmusik.*

Das erste gedruckte Gedicht Dylans

74

THE SONG OF THE MISCHIEVOUS DOG.

There are many who say that a dog has its day,
    And a cat has a number of lives;
There are others who think that a lobster is pink,
    And that bees never work in their hives.
There are fewer, of course, who insist that a horse
    Has a horn and two humps on its head,
And a fellow who jests that a mare can build nests
    Is as rare as a donkey that's red.
Yet in spite of all this, I have moments of bliss,
    For I cherish a passion for bones,
And though doubtful of biscuit, I'm willing to risk it,
    And love to chase rabbits and stones.
But my greatest delight is to take a good bite
    At a calf that is plump and delicious;
And if I indulge in a bite at a bulge;
    Let's hope you won't think me too vicious.
                                    D. M. THOMAS 3A

Sie wanderten in Richtung Gower bis nach Sketty, dem Stadtteil westlich von Dylans Wohnort Uplands, zu Dans Elternhaus Warmley (Eversley Road 38). Es wurde bald ihr ständiger Treffpunkt. Dylans Elternhaus hatte den Vorzug, in der Nähe des Cwmdonkin Park zu liegen, in dem es asthmatisch hustende Schafe und klagende Käuzchen gab; dafür hatte Warmley einen Rundfunksender und einen Kricketspielplatz: im Hintergarten des Jonesschen Reihenhauses war ein Platz von vier Metern Länge, wo die Jungen einander mit aller Kraft harte Kricketbälle zuschossen.

In Dylans Funkmanuskript *Return Journey* (1947) sagt der Sprecher von dem Jungen Dylan:

Wohl vierzehn oder fünfzehn Jahre alt... ein rotes Mützchen auf dem Kopf. Und er spielte oft am Viviansbach. Er bummelte unter den Brücken herum... trieb Unfug auf den Eisenbahnschienen und brüllte gegen das Meer an. Er strich durch die Dünen und guckte den ausfahrenden Tankern und Schleppern und Bananendampfern nach. Er wollte von zu Hause weglaufen und zur See fahren, ja, er sprach davon. Sonnabend nachmittags lief er runter zum Meer, wenn es ganz weit draußen war, und hörte die Nebelhörner von unsichtbaren Schiffen tuten. Und Sonntag abends nach der Kirche stolzierte er mit seinen Kumpanen auf der Promenade auf und ab und pfiff hinter den Mädchen her. (Ahmt nach, wie ein Mädchen seine Freundin warnt:) «Sag kein Wort, Hetty, du reizst sie bloß noch an! Schönen Dank, Herr Unverschämt mit der nachgemachten Aussprache und Papas Hut auf dem Kopf! Nein, ich hab keine Lust auf 'n Strandspaziergang. Was sagst du? Hach, hör dir das an, Hetty, er hat 'n Wörterbuch verschluckt! Nein, ich hab keine Lust, mit'm gewissen Jemand im Mondschein spazierenzugehen, verstehst du, ich entführ doch keine Babies! Ich hab dich gestern noch auf der Terrace Road gesehen, wie du zur Schule gingst, mein feiner Kavalier, mit Ränzel und roter Mütze und allem!» [2]

Die beiden Freunde stellten ganze Rundfunkprogramme zusammen und erfanden Sprecher, die mit der Zeit für sie zu lebendigen Menschen wurden. Ernsthafter gemeint war ein anderes Spiel: sie schrieben gemeinsam als «Walter Bram» sowohl Verse als auch Prosa, indem sie sich Zeile um Zeile ablösten; keiner durfte dem anderen hineinreden. Dan Jones bewahrte etwa zweihundert solcher Gedichte auf, die er zum Teil als «sehr, sehr schön» bezeichnet, «besonders jene, die von den einzigartig edlen und göttlichen Taten der dritten Person Plural sprechen:

They had come from the place high on the coral hills
Where the light from the white sea fills the soil with ascending grace.
And the sound of their power makes motion as steep as the sky,
And the fruits of the great ground lie like leaves from a vertical flower.
They had come from the place; they had come and had gone again
In a season of delicate rain, in a smooth ascension of grace.» [3]

[Sie waren gekommen von dem Ort hoch droben über den Korallen-
                                                              hügeln,
Wo das Licht der weißen See den Boden mit zunehmender Anmut füllt,
Und der Klang ihrer Kraft schafft Bewegung steil wie der Himmel,
Und die Früchte der großen Ebene liegen wie Blätter einer aufragenden
                                                              Blüte.
Sie waren gekommen von dem Ort; sie waren gekommen und wieder
                                                          gegangen
In einer Jahreszeit erlesenen Regens, in einer sanft zunehmenden An-
                                                              mut.]

Die Sprache bedeutete ihm alles. «Dylans Geist war so ausschließlich
von Sprache erfüllt», schreibt Dan Jones, «daß nicht einmal mehr für die
Dinge, mit denen sie verknüpft ist, Raum blieb: Dompfaff und Gimpel,
derselbe Vogel, waren für ihn etwas ebenso Verschiedenes wie ein Vogel
Strauß und ein Kolibri.» Manche Eigenschaftswörter nahmen unabhän-
gig von ihrer Bedeutung eine komische Färbung an, so daß harmlose Aus-
drücke wie «eigensinnig» oder «ein gewisser» jedesmal einen Sturm des
Gelächters auslösten: «eine gewisse Mrs. Prothero», «ein eigensinniger

Plan von Swansea

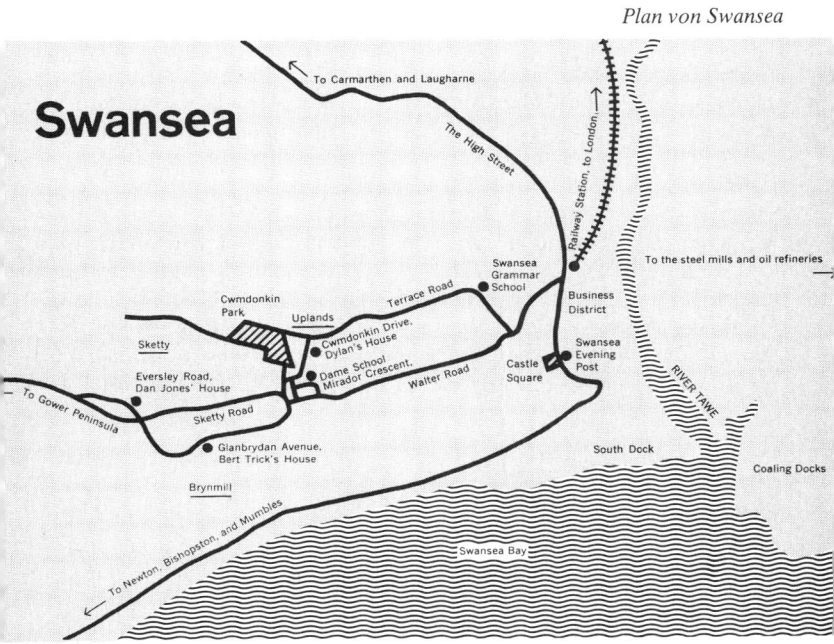

Mokassin» oder «unzählige Bananen». Die Jungen beschlossen, eine Zeitschrift herauszugeben; Dylan sollte den literarischen, Dan den musikalischen Teil besorgen. Ihr Titel sollte «The Thunderer» sein, herausgegeben von D. Jenkyn (so heißt Dan Jones in dem Kapitel *The Fight*) und D. Thomas. *«D. Thomas und D. Jenkyn» wäre rhythmisch besser gewesen,* meint Dylan in der Erzählung, *aber es war seine Firma.* Sie schlossen einen Kompromiß: es würde heißen «The Thunderer», herausgegeben von D. Jenkyn Thomas.

Aus dieser privaten Publikation wurde aber nichts, weil Dylan im Juli 1929 Mitarbeiter der Schülerzeitschrift des Swanseaer Gymnasiums wurde; im Dezember avancierte er zum Redakteur und von Dezember 1930 bis zu seinem Schulabschluß Juli 1931 war er Chefredakteur.

Es war ein beliebter Sport am Swanseaer Gymnasium, die Lehrer tüchtig zu ärgern. Aber auch Dylan war manchmal das Opfer der Schüler. Er war verhältnismäßig zart; so kam es immer wieder vor, daß die Klassentyrannen ihn erwischten und ihn gewaltsam mit dem Hinterteil so in den Papierkorb setzten, daß er allein nicht wieder herauskam. Es wurde ein feststehender Brauch, daß der Lehrer beim Betreten der Klasse sagte: «Holt Dylan aus dem Papierkorb!» Nie aber kamen derartige Faxen bei «D. J.» Thomas, Dylans Vater, vor; unter seinem strengen Blick wagte niemand eine Unbotmäßigkeit. «D. J.» war der beste Englisch-Lehrer der Schule und sein Gedichtvortrag wurde allgemein bewundert.

D. J. Thomas war ein puritanischer Mensch, obgleich er die Lehren der Freikirchen ablehnte. Er hatte sich aus dem väterlichen Eisenbahnermilieu zur gesellschaftlichen Stellung eines Studienrats emporgearbeitet, bewohnte ein Reihenhaus und hatte ein Dienstmädchen. Er hatte sich seinen Platz im Leben hart erkämpft. Daher erfüllte es ihn mit Besorgnis, daß sein Sohn kein sonderlich eifriger Schüler war. Zumindest hätte Dylan doch ein Gentleman sein müssen – wie sein Vater. Aber da nach Aussage eines Verwandten «auch der blaublütigste Edelmann nicht halb so vornehm war wie Dylans Vater», sah er sich auch in dieser Erwartung getäuscht. Statt dessen war sein Sohn, wie dieser selbst schreibt, *wie alle Jungen – nicht besser, nicht klüger, nicht artiger... Er zertrat mit den anderen den Rhabarber in des Direktors Garten, stand in Trigonometrie an 33. Stelle und war, wie zu erwarten, Chefredakteur der Schülerzeitung.*[4]

Der Reporter

Die drei Jahre von Juli 1931 bis November 1934 waren in mancher Hinsicht die wichtigsten in Dylans Leben. Er trat ins Berufsleben ein, erwarb Bühnenerfahrung, verliebte sich, hatte sein erstes sexuelles Erlebnis und schrieb all die Lyrik und Prosa, die den Großteil der drei ersten von ihm veröffentlichten Bände ausmacht. Außer in Englisch hatte Dylan in keinem Fach eine Abschlußprüfung abgelegt. Im Juli 1931 war er von der Schule abgegangen und hatte mitten in der Weltwirtschaftskrise das Glück gehabt, eine Anstellung als Korrektor und später als Jungreporter an der «South Wales Daily Post» zu finden; sein erster Artikel hieß: *Die Mimikry der Nellie Wallace.*

Wynford Vaughan Thomas begleitete den Anfänger Dylan, als dieser den berühmten Operettenstar in seiner Garderobe im Empire Theatre in Swansea besuchte. Er hatte den Freund gefragt, ob er wohl Lust habe, mit einer Schauspielerin bekannt zu werden – es klang, als täte sich plötzlich die glanzvolle Welt des Theaters vor den beiden auf. Nun standen sie vor der Garderobe der Künstlerin, hielten den Atem an und klopften. Die gefeierte Nellie Wallace – sie muß damals schon über 65 Jahre alt gewesen sein – rief mit rauher Stimme: «Nur herein, Schätzchen!» Dylan reckte seine schmächtige, 1,69 Meter große Gestalt und schmetterte: «Miss Wallace! Im Namen der Künstler der Zukunft grüßen wir Sie als Künstlerin der Vergangenheit!» Die Wallace fragte, ob sie sich der leichten oder der ernsten Muse verschrieben hätten. Der ernsten, erwiderten die beiden, ohne den Unterschied zu kennen. «Dann habt ihr euch ja allerhand vorgenommen, Jungens! Wollt ihr einen Gin?» Sie wollten. Das Getränk verbrannte ihnen den Schlund. Die Wallace, die sie beobachtet hatte, schmunzelte und meinte, zumindest auf diesem Gebiet seien die Künstler der Zukunft ein Dreck gegen die Künstler der Vergangenheit! Hierauf kippte sie den Gin mit einem einzigen Schluck, der von großer Übung zeugte. Dann warf sie einen letzten prüfenden Blick auf ihr verwegenes Jägerkostüm, steckte noch eine Feder in die hochgetürmten roten Haare und tänzelte auf die Bühne, wo sie das Lied vom stolzen Jäger zum Besten gab: «Ich machte Jagd auf den Fuchs, Jungs – er machte Jagd auf mich.» Dylan schärfte dem Freund ein, kein Wort über diese Begegnung zu verlieren; das müßten sie sich für ihre Memoiren aufheben.

Dylan und seine Mutter

Als Jungreporter der «Post» und der im selben Verlag erscheinenden Wochenzeitschrift «Herald of Wales» begleitete Dylan einen erfahrenen Reporter, der ihm die Tricks und Kniffe des Handwerks beibringen sollte. Bald bekam er einfache eigene Aufträge: Fußballreportagen, Theaterkritiken und dergleichen. Einen typischen Tageslauf enthält sein Notizbuch: *Zur British Legion. Nichts. Zum Krankenhaus. Ein Beinbruch. Auktion im Metropol. Anruf bei Mr. Beyon in Sachen Gymanfa Ganu. Essen. Bier mit Pastetchen im «Singleton» zusammen mit Mrs. Giles. Basar in der Bethesda-Gemeinde. Schornsteinbrand in der Tontine Street. Ausflug der Sonntagsschule von Walters Road. In Skewen bei der Probe des «Mikado».*

Alles Sachen für die Titelseite. Wirklich legte sein Chef großen Wert auf den lokalen Teil; daher machte Dylan sich nicht gerade beliebter, als er eines Tages den Besuch im Krankenhaus ausließ und damit den plötzlichen Tod der Oberin verpaßte. Lieber hielt er sich bei der YMCA auf, um Billard zu spielen, oder schaute bei den «Three Lamps» und anderen Lokalen herein, wo er mit einem Kollegen einen Schoppen trank – mit Fred Farr, Half Hook, Bill Latham, Cliff Williams, Gareth Hughes, Eric Hughes oder Glyn Lowery. Eine solche abendliche Zechtour mit dem Kollegen Fred Farr gab den Stoff für die Erzählung *Old Garbo* in *Portrait of the Artist as a Young Dog*.

Gleich zu Anfang seiner Tätigkeit als Zeitungsbaby wurde Dylan von Farr abends zu einem Glas Bier eingeladen. Farr, in Dylans Augen beneidenswert ob seiner Fertigkeit in Stenographie, war ein *Kettenraucher, Hartsäufer, sehr humorvoll, pausbäckig und dickbäuchig und hatte große, offene Poren in der Nase wie Löcher in einer Zielscheibe.* Dylan ahmte Farr auch darin nach, daß er sich angewöhnte, ständig eine Zigarette im Mundwinkel zu haben. Treffpunkt war das Hinterzimmer der «Three Lamps». Dylan kam zu früh und bestellte sich ein Bier. *Ich lehnte an der Theke zwischen einem Stadtverordneten und einem Rechtsanwalt und trank Bitter, wünschte, mein Vater könnte mich so sehen, und war zugleich froh, daß er gerade Onkel A. in Aberavon besuchte. Es hätte ihm nicht entgehen können, daß ich kein Kind mehr war, aber ebensowenig, wie schief die Kippe mir aus dem Mund hing und wie schräg der Hut mir auf*

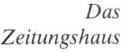

Das Zeitungshaus

dem Kopf saß und wie ich mich an das bedrohliche Bierglas klammerte. Ich genoß den Biergeschmack, das Zittern der weißen Blume, das metallene Funkeln vom Grunde und den plötzlich veränderten Anblick der Welt durch die naßbraunen Wände des Glases, wenn man das geneigte Glas an die Lippen setzte, das Bier hinunterstürzte und es langsam in den Magen hineinschlabbern fühlte, das Salzige auf der Zunge, den Schaum in den Mundwinkeln. Farr erschien. Sie tranken aus und zogen weiter zur Bar des «Carlton Hotel». Singende Kumpels umstanden das Klavier, die Gesichter pockennarbig, die breiten Hände zerschunden und schäkerten mit der Barfrau. *Welche Lust, das anzügliche Stück mitspielen, in den brüllenden Chor einstimmen zu können... oder sich «Frecher Kerl!» und «So einer!» nennen zu lassen, wie man da so an der Theke stand, Witze reißend*

Um 1938

und dem Mädchen schöne Augen machend und ihr unschuldige Unanständigkeiten sagend, die zwischen Bierlachen und aufgestapelten Gläsern wirkungslos verpuffen mußten. Sie zogen weiter in eine dritte Kneipe, den «Fishguard» draußen an der Küste; hier trank Dylan zuerst Rum. Aber plötzlich *führten mich zwei kleine Männer, Mr. Farr und sein Zwillingsbruder, über eine Eisbahn zur Tür, wo die Nachtluft mich umhaute.* Später kehrte man auf ein letztes Glas in den «Fishguard» zurück; *die Bank kreiste. Die ganze Hütte kippte.* Der junge Mann hatte genug. *Die letzte Straßenbahn rasselte heim. Fahrgeld hatte ich nicht mehr. «Steigen Sie hier aus. Vorsicht!» Der stürzende Hang, an dem das elterliche Haus stand, war himmelhoch. Niemand war mehr auf. Ich schlich mich in ein ungemachtes Bett, und die Tapeten schlugen wie Seen über mir zusammen und zogen mich in ihrem Strudel mit hinab.*

Sein damaliges Aussehen beschreibt Dylan Thomas folgendermaßen: *Von überdurchschnittlicher Größe. Über dem walisischen Durchschnitt, meine ich; er mißt 1,69 Meter. Volle Lippen; stumpfe Nase; krauses mausbraunes Haar; ein Vorderzahn ausgeschlagen nach einem Spiel namens*

«Cats and Dogs» in Mumbles in der «Nixe»; *gefällige Art; ein bißchen angeberhaft – kleidet sich erlesen und überspringt dafür das Frühstück. Sie kennen den Typ*... *ein großspuriger Jüngling, ein Bohemien aus der Provinz, um den Hals als bauschiggebundene Künstlerkrawatte den Seidenschal der Schwester (nie erfuhr sie, wo er geblieben war), den Pullover flaschengrün eingefärbt; ein schwadronierendes, ehrgeiziges abgebrüht tuendes, anspruchsvolles Bürschchen; und zu allem übrigen noch kurzsichtig.*[5] Wie weit es mit Dylans Abgebrühtheit her war, zeigte sich, als ein älterer Reporter ihn einmal mit ins Leichenschauhaus nahm – «Sie müssen im Leichenhaus ‹persona grata› sein!» Als sie ankamen, waren ein paar Arbeiter, von Dylan unbemerkt, gerade dabei, die Decke neu zu streichen. Sein Blick ruhte auf einer Bahre, als hoch von seiner Leiter herunter ein Anstreicher mit hallender Stimme rief: «Morgen, meine Herren!» Dylan, schon grünlich im Gesicht, erbleichte und floh.

Mit wenigen Ausnahmen wie *Genie und Wahnsinn sind in der Welt der Kunst eng verwandt* waren Dylans Beiträge in der «Swansea Post» anonym. Bei der Wochenzeitung «Herald of Wales» war er jedoch die Autorität für Lyrik; das ergibt sich schon aus den Überschriften seiner zahlreichen Artikel über Swanseaer Lyriker. Der «Herald» druckte auch drei seiner Gedichte ab: *Youth Calls to Age* (1932), *Greek Play in a Garden* (1933) und *Poet, 1935* (1935). Nebenbei dachte Dylan an eine Fortführung seiner Herausgebertätigkeit aus der Schulzeit. In den Jahren 1931 bis 1933 plante er, auf dem Subskriptionsweg eine Zeitschrift «Prose and Verse» herauszugeben; mit einer Anzeige in der «Swansea Post» erbat er Einsendungen. Aber aus der Sache wurde nichts. Später hatte ein anderer Waliser namens Keidrych Rhys dieselbe Idee und gründete die ausgezeichnete, erfolgreiche Zeitschrift «Wales». Eine Erzählung Dylans, *Prologue to an Adventure*, prangte gleich auf der Umschlagseite der ersten Nummer; das war im Sommer 1937. Weitere Gedichte und Stories erschienen in späteren Heften.

Dylan war zunächst für ein Probejahr als Volontär angestellt. Nach Ablauf dieser Zeit wurde ihm gekündigt, weil er keine Stenographie konnte oder lernen wollte; so wenigstens lautete der offizielle Grund. Aber es war von Anfang an klar gewesen, daß Dylan sich weder vom Temperament noch von seinen Interessen her für den Beruf des Reporters eignete. Seine Stärke war nicht die Schilderung tatsächlicher Ereignisse. In all den Monaten, in denen er sich mit Gemeindebasaren, Versteigerungen, Beinbrüchen, Soccerspielen und Sonntagsschulausflügen beschäftigen sollte, speicherte er in seinem Innern die Erfahrungen und Erlebnisse auf, die später das Material für *Portrait of the Artist as a Young Dog* bilden sollten. Und er schrieb bereits damals Gedichte wie *Today, This Insect, The World I Breathe, The Spire Cranes, Why East Wind Chills, Out of the Sighs* und *The Hunchback in the Park*. Die Ideen für seine Verse kamen ihm bei den Gängen durch die Welt seiner Kindheit, den Cwmdonkin Park, mit

Der Musikpavillon im Cwmdonkin Park

den vertrauten Gestalten: den Buben, Smoky, dem Parkwächter, und dem Buckligen, der in der Hundehütte schlief.

The Hunchback in the Park

The hunchback in the park
A solitary mister
Propped between trees and water
From the opening of the garden lock
That lets the trees and water enter
Until the Sunday sombre bell at dark

Eating bread from a newspaper
Drinking water from the chained cup
That the children filled with gravel
In the fountain basin where I sailed my ship
Slept at night in a dog kennel
But nobody chained him up.

Like the park birds he came early
Like the water he sat down
And Mister they called Hey mister
The truant boys from the town
Running when he had heard them clearly
On out of sound

Past lake and rockery
Laughing when he shook his paper
Hunchbacked in mockery
Through the loud zoo of the willow groves
Dodging the park keeper
With his stick that picked up leaves.

And the old dog sleeper
Alone between nurses and swans
While the boys among willows
Made the tigers jump out of their eyes
To roar on the rockery stones
And the groves were blue with sailors

Made all day until bell time
A woman figure without fault
Straight as a young elm
Straight and tall from his crooked bones
That she might stand in the night
After the locks and chains

All night in the unmade park
After the railings and shrubberies
The birds the grass the trees the lake
And the wild boys innocent as strawberries
Had followed the hunchback
To his kennel in the dark.

Der Bucklige im Park

Der Bucklige im Park
Ein Mister den man alleinließ
Eingepfropft zwischen Bäumen und Wasser
Vom Öffnen der Gartenschleuse
Die Bäume und Wasser einließ
Bis zum Ruf der Abendglocke den Park zu verlassen

Aß Brot aus einer Zeitung
Trank Wasser aus dem Becher an der Kette
Den die Kinder mit Sand vollschütten
Im Brunnenbecken wo mein Schiff schwamm um die Wette
Er schlief bei Nacht in einer Hundehütte
Doch niemand der ihn angekettet hätte.

Wie die Parkvögel kam er zeitig
Wie das Wasser setzte er sich hin
Und Mister – He Mister riefen
Die Stadtschulschwänzer ihn
Um dann weiter geschmeidig
Außer Rufweite zu fliehn

Zwischen Teich und Felsengrotte.
Drohte er mit der Zeitung gabs Gelächter
Sie liefen bucklig zum Spotte
Durch den Zoo-Lärm der Weidenalleen
Um dem Stock mit dem der Parkwächter
Blätter aufspießt zu entgehn.

Und der alte Hundeübernächter
Allein zwischen Bonnen und Schwänen
Und Jungen in den Weiden die die losen
Tiger aus ihren Augen springen ließen
Um zu brüllen auf Ufersteinen –
Und abseits der Alleen blau von Matrosen

Machte den ganzen Tag bis zum Glockenzeichen
Einen Frauenleib, frei von Fehlern
Aufrecht wie ein junger Baum
Aufrecht und schlank aus seinen krummen Knochen
Daß sie die Nacht lang stünde ununterbrochen –
Nach den Schleusenschlössern und Ketten und Quälern

Die ganze Nacht im ungemachten Park
Nachdem die Gitter und Sträucher efeuumschlungen
Die Vögel Steine Gräser die er barg
Und die wie Erdbeeren unschuldig wilden Jungen
Dem Buckligen nachgefolgt waren
Zu seiner Hundehütte dunklem Sarg.

(Übersetzt von Erich Fried)

Der junge Dichter

Zwischen dem Schulabschluß und der Übersiedlung nach London, also von April 1930 bis April 1934, erlebte Dylan, einem Vulkanausbruch vergleichbar, eine der fruchtbarsten Perioden dichterischen Schaffens, die ihm je beschieden waren. In dieser Zeit zwischen seinem sechzehnten und neunzehnten Lebensjahr schuf er mindestens 212 Gedichte; umgerechnet auf vier Jahre stetiger Produktivität bedeutet das im Wochendurchschnitt mehr als ein Gedicht. Es handelt sich dabei nicht etwa um Fingerübungen; zu diesen frühen Werken gehören die Erstfassungen bedeutender Gedichte wie *The Hunchback in the Park, After the Funeral, The Force that Through the Green Fuse* und *I See the Boys of Summer*. Im Alter von achtzehn und neunzehn Jahren entstand Dylans ganzer erster Band *18 Poems* sowie die Hälfte der Verse, die später in den Bänden *Twenty-Five Poems* (1936) und *The Map of Love* (1939) veröffentlicht wurden.

Als Dylan zwölf Jahre alt war, erschien zum erstenmal eines seiner Gedichte im Druck – außerhalb der Seiten der Schülerzeitung; die «Western Mail» brachte *His Requiem*. Im gleichen Jahr hatte auch «The Boy's Own Paper» ein Gedicht abgedruckt. Aber beides waren noch durchaus kindliche Produkte. Daß eine über ganz England verbreitete Zeitschrift ein Werk von Dylan Thomas abdruckte, ergab sich durch die Bekanntschaft mit Albert E. Trick.

Trick hatte wenige Blocks von Dylans Elternhaus entfernt in der Glanbrydan Avenue 69 ein kleines Lebensmittelgeschäft. Er war Anfang Dreißig und hatte schon Gedichte und Artikel im «Swansea Guardian», in der «Western Counties Gazette» und im «Christian Agitator» veröffentlicht. Trick war aktiver Sozialist, gehörte dem Exekutivkomitee der Labour Party von Swansea an und gab die Parteimonatsschrift «New Outlook» sowie eine Wochenzeitung für Swansea heraus, die von den Arbeitslosen gemacht wurde.

Eines Abends im Winter 1931/32 klingelte es an seiner Haustür. Draußen stand, einen steifen schwarzen Hut in der Hand, ein kindlich wirkender Siebzehnjähriger mit dichtem, krausem Haar, großen, staunenden Augen und aufgeworfenen Lippen, der versuchte, wie Trick meinte, möglichst welterfahren auszusehen. Thomas Taig, Direktor des Little Theatre und Dozent für Anglistik am University College von Swansea, habe ihm

geraten, seine Gedichte Bert Trick zu zeigen. Der Jüngling wurde aufge-
fordert, am nächsten Abend um sieben wiederzukommen; so begann eine
Freundschaft, die mehrere Jahre lang sehr eng blieb.

Bei einem späteren Interview schilderte Trick dieses erste Treffen. «Ich
bat ihn ins Wohnzimmer; wir saßen da und sprachen über alle möglichen
Dinge und schätzten einander ab; ungefähr nach einer Stunde fragte ich:

Bert und Nell Trick am Strand der Bucht von Caswell (Gower)

‹Möchten Sie, daß ich jetzt Ihre Gedichte lese?› und er antwortete: ‹Aber nein, Gedichte darf man nicht lesen, man muß sie sprechen!› Hierauf zog er ein zusammengerolltes blaues Schulheft aus der Tasche, lehnte sich in seinen Sessel zurück, legte ein Bein über eine Armlehne und las mit einer Stimme, die mich aufhorchen ließ, aus seinen frühen Gedichten. Ich staunte. Es war unverkennbar: hier sang ein Dichter in ganz neuen Tönen.»[6]

Aus diesem ersten Besuch ergaben sich regelmäßige Zusammenkünfte, zu denen sich Dylan und Trick zweimal wöchentlich mit gemeinsamen Freunden trafen. An den Mittwochabenden versammelte man sich im Cwmdonkin Drive; Dylan las aus den Arbeiten, mit denen er sich gerade beschäftigte, trug Lyrik vor und sprach darüber und unterhielt die Gäste. An den Sonntagabenden traf sich eine ähnliche Gruppe im Hause Trick. Den Kern dieser Sonntagsgesellschaft bildeten Dylan, Nell und Bert Trick, der Maler Alfred Janes und der Komponist Tom Warner. Der weitere Zirkel umfaßte oft zwölf bis vierzehn Menschen. Dylan mit seiner schauspielerischen Begabung konnte, wenn er in Stimmung war, den übrigen mit seinen Anekdoten die Tränen in die Augen treiben, wobei er jeden Dialekt mühelos nachahmte. Alle Regie war ihm jedoch verhaßt. Wollte jemand ihn veranlassen, sich zu produzieren, wurde er sofort wieder zu dem schüchternen, linkischen Jüngling, der tat, als wenn er nicht bis drei zählen könnte.

«Ich erinnere mich [schrieb Bert Trick] an eine bestimmte Sonntagabendzusammenkunft. Ein Bekannter, er war zufällig Labour-Stadtrat und wußte, daß ich mit Dylan befreundet war, fragte, ob seine Frau Dylan nicht kennenlernen könne... Ich beging den Fehler, Dylan am Mittwochabend zu erzählen, daß ich die Leute eingeladen hatte. Am Sonntag kamen alle, wie üblich; außer Dylan. Keine Erklärung, er war eben einfach nicht da. Der Abend verlief mehr oder weniger wie sonst, nur fehlte ihm der Glanz, den ihm sonst Dylan mit seinem Geist und seinen Späßen verlieh und der unsere Abende zu einem Ereignis machte; gegen Mitternacht brachen die Gäste auf. Ich half Nell beim Aufräumen, als es sehr schüchtern an die Hintertür klopfte. Nell ging hin, und da stand Dylan, sah sehr zerknirscht aus und erging sich in Entschuldigungen. Ich war dem nicht gewachsen, sagte er. Komm rein, Dylan! Dylan setzte sich und bekam ein Extraabendbrot ganz für sich allein. Und dann kehrten wir ins Wohnzimmer zurück und saßen zusammen und erzählten und verbrachten den gewohnten Dylan-Abend bis ungefähr drei Uhr morgens.»[7]

Zu den Orten, wo Dylan gern an Gedichten arbeitete, gehörte das Dorf Rhossilli an der Spitze von Gower mit seiner wilden, öden Schönheit. Er wanderte oft morgens mit einem Buch und einem Päckchen Butterbroten hinaus und blieb bis zum Abend dort. Eines schrecklichen Tages ging Dylan bei Ebbe über die Landzunge auf den massiven Felsen hinüber, den sogenannten Worm's Head, der weit in den Kanal vorspringt. Es war am frühen Nachmittag. Dylan hatte sich am äußersten Rand in die Sonne gelegt und war trotz des schrillen Möwengeschreis eingeschlafen. Als er erwachte, stand die Sonne schon tief. Er rannte über das Gestein und über das langmähnige Gras zur Landzunge; aber die Flut war gekommen. Er mußte sitzenbleiben, um sich herum die Geschöpfe der Finsternis, stundenlang. Erst um Mitternacht tauchten die Zacken des Riffs auf, und nun erst konnte er zur Küste zurückklettern. Auf dem fast 30 Kilometer weiten Heimweg im Dunkeln begegnete ihm alles mögliche, von Schnekken, Eidechsen, Glühwürmchen und Hasen bis zu weißgewandeten, ätherischen Jungfrauen, die sich beim Näherkommen in nichts auflösten.

Im Sommer verbrachte Dylan das Wochenende oft mit Bert und Nell Trick samt Töchterchen Pamela in deren Sommerhäuschen an der Caswell-Bucht auf Gower. Dylan war ein leidenschaftlicher Spaziergänger und machte zusammen mit Trick kilometerlange Küstenwanderungen. Vor dem Haus spielten sie eine Art Zwei-Mann-Cricket, bei dem Dylan sich als hervorragender und schneller Bowler erwies. An den Abenden, nach dem meist herrlichen Sonnenuntergang über der Bucht, saß man zusammen um den kleinen Ofen. Beim Licht einer Paraffinlampe zog Dylan eines seiner blauen Schulhefte heraus und las Gedichte vor, an denen er gerade arbeitete, oder eine seiner Erzählungen, die im Jarvis-Tal spielten. Bei einer solchen Gelegenheit wurde auch zum erstenmal der Entwurf vorgelesen, aus dem sich später *Under Milk Wood* [*Unter dem*

The Worm's Head, Halbinsel Gower

Milchwald] entwickelte – zunächst ein kurzes Stück über die Geschehnisse in einer steilen Straße in einer typisch walisischen Küstenstadt namens Llareggub. Als Bert Trick den Namen hörte, sagte er: «Aber Dylan, das ist ja das erste Mal, daß du in einem Text, den ich kenne, ein walisisches Wort benutzt!» Dylan machte ein boshaftes Gesicht und erwiderte: *Das ist ein Anagramm, Bert; lies es mal rückwärts!* [Bugger all: lauter Päderasten.]

Der Schauspieler

Zu seinen besten Freunden während des Jahres bei der Zeitung zählte Dylans Reporterkollege Eric Hughes, mit dem zusammen er viel Zeit auf die Mitarbeit an dem kleinen Laientheater in Mumbles verwendete. Eine 1929 gegründete Bühnenvereinigung hatte die Aula einer kirchlichen Schule in Mumbles-Southend übernommen, wo man Čapek, Barrie,

Galsworthy, Housman und Shaw aufführte. Zu der sehr aktiven Gruppe gehörten junge Menschen wie Geschäftsleute und deren Frauen. Ganze Familien arbeiteten an den Kulissen und Kostümen, spielten im Orchester mit und lernten Rollen. Die erste Aufführung, an der Hughes und Thomas mitwirkten, war «Hay Fever» von Noël Coward. Beide junge Leute ernteten Lob für ihre Darstellung, ebenso wie Dylans Schwester Nancy und ihr zukünftiger Mann Haydn Taylor.

Dylans Theaterlaufbahn hatte bereits am Gymnasium begonnen, wo er mit vierzehn Jahren den Edward Stanton in John Drinkwaters «Abraham Lincoln» spielte. 1929 brachte das «Grammar School Magazine» die Satire *Desert Idyll*, in der Dylan sich über die tönende Feierlichkeit der britischen Orientstücke und das Gehabe falscher Scheichs wie Rudolph Valentino lustig machte: die schöne Tochter Ben el Rhabarbers verschmäht den Jub von Tony-Pandy um ihres Liebsten, des schmucken Horace el Tureen willen, wobei ein Chor die dramatischen Höhepunkte mit passendem schrillem Geheul unterstreicht.

Im Frühjahr 1930 übernahm Dylan dann die Hauptrolle in «Oliver Cromwell». Im folgenden Jahr spielte er den gewalttätigen Arbeiterführer in einer Schulaufführung von Galsworthys «Strife». Die Aufführungen fanden in der Schulaula, Llewelyn Hall, statt; spannende wie zärtliche Szenen wurden immer wieder von rhythmischen Bumsgeräuschen aus der darüberliegenden Turnhalle akzentuiert. Dylan wirkte aber nicht nur als Schauspieler mit, sondern entwickelte auch eigene Initiativen: er war Mitbegründer eines Lesezirkels von etwa 25 Mitgliedern, die sich als erstes Galsworthys «Escape» vornahmen. In einem von ihm aufgezogenen Debattierklub unterlagen der Begründer und sein Kollege mit ihrer These «Die moderne Jugend ist dekadent», obgleich Dylan «mit kymrischem Feuer» redete.

Dylan schrieb dann Revuenummern für das Little Theatre, ließ sich als zweite Besetzung bei der Schauspielgruppe des Swanseaer YMCA-Verbands anwerben und fand schließlich im Laientheater von Mumbles einen eigenen Wirkungskreis. – Nach «Hay Fever» spielte er den Grafen Bellair in Farquhars «The Beaux' Stratagem» und strafte dabei, wie seine Kollegin Ethel Ross berichtet, ein für allemal seine Kritiker Lügen, die behauptet hatten, er sei «harmlos in der Gestik». Die nächste Rolle – in H. F. Rubinsteins «Peter and Paul» – enthielt so etwas wie einen vagen Bezug auf sein späteres Leben. J. D. Williams, der Herausgeber der «South Wales Evening Post», schreibt darüber:

«Peter [Dylan] will unbedingt Schriftsteller werden, muß aber statt dessen den väterlichen Betrieb übernehmen; im Drang der Geschäfte verlernt er das Schreiben; statt dessen führt er ein glückliches Familienleben. Bei der Rückschau auf sein Leben aber empfindet Peter, alt geworden, daß er den eigentlichen Sinn seines Lebens verfehlt hat; ihn quälen die ungeschrieben gebliebenen Bücher.

Paul [Eric Hughes], der sich nach einem gemütlichen bürgerlichen Zuhause sehnt, wird auf den Weg des Schriftstellers gedrängt und muß lange Vergessenheit, Verfolgung und die Zerstörung seiner Familie erdulden, ehe er endlich öffentliche Anerkennung findet.»[8]

Auch in dem folgenden Theaterstück, «Strange Orchestra» von Rodney Ackland, klangen beziehungsvolle Untertöne mit:

«...ein unmoralischer Schuft, der junge Romancier Val, [ist] so mit sich selbst, mit der Dramatisierung des Lebens seiner Freunde für einen Roman beschäftigt, daß er die traurige Größe Esthers, welche die Grausamkeit des Lebens voll Trauer durchschaut, nicht begreift. Mr. Dylan Thomas' Val war von tragischer Ausweglosigkeit.»[9]

Dylans letzte große Rolle war der Witwoud in Congreves «The Way of the World»; die Kritik lobte die Eleganz seines Auftretens und die meisterhafte Gestik. Als er sich kurz darauf für eine weitere Hauptrolle vorbereitete, gab es Krach. Dylan machte sich durch seine dauernden Verspätungen – er verbrachte die Pausen stets mit ein paar anderen in der Bar eines nahe gelegenen Hotels – so unbeliebt, daß der Regisseur ihn am Vorabend der Premiere hinauswarf. Dylans Verhältnis zu der Gruppe wurde nie wieder ganz harmonisch. Er übernahm im April 1934 eine Nebenrolle in «Richard II.» und spielte dann noch einmal in einer Wohltätigkeitsaufführung von «Hay Fever» mit; mittlerweile aber gewann die Rolle des Schriftstellers für ihn immer größere Bedeutung. Seine Blicke richteten sich nach London.

Der Preisträger

Immer wieder hatte Bert Trick während des ersten Jahres ihrer regelmäßigen Zusammenkünfte Dylan gedrängt, er solle seine Arbeiten bei einer großen englischen Zeitschrift einsenden. Dylan reagierte auf solche Vorschläge immer mit interessierter Miene, handelte aber nie. Während er sich nicht scheute, seine Verse bei Tricks oder bei sich zu Hause vorzutragen, wünschte er offenbar nicht, mit den damals gerade berühmt gewordenen Dichtern in Konkurrenz zu treten: W. H. Auden, Stephen Spender, Cecil Day Lewis oder Louis MacNeice. Der Zug der Zeit ging zur Gesellschaftskritik und zur politischen Aktion, fort von einem enragiert persönlichen Lyrismus, wie Dylan ihn bot. So schrieb etwa Auden in «A Bride in the 30's»:

> Zehn Millionen Verzweifelter marschieren vorbei,
> eins fünfzig, eins achtzig, zwei Meter groß,
> Hitler und Mussolini mit werbender Gebärde,
> Churchill, dankend für den Gruß der Wähler,
> Roosevelt am Mikrofon...

Für einen von der Sprache besessenen Romantiker schien kein Platz.

Aber Trick blieb hartnäckig und brachte es mit viel Überredungskraft fertig, daß Dylan an A. R. Orage, dem Herausgeber des «New English Weekly» und Entdecker mehrerer junger Schriftsteller, zwei Gedichte sandte. Die Antwort waren überschwengliche Lobeserhebungen. Das Blatt druckte *And Death Shall Have No Dominion* (18. Mai 1933), *Out of the Pit* (25. Januar 1934) und die Stories *After the Fair* (15. März 1934) und *The End of the River* (22. November 1934), wenn auch zu Dylans Mißfallen ohne Honorar. Später, als Dylan sich mit dem Band *18 Poems* einen Namen gemacht hatte, veröffentlichte er häufiger Beiträge im «New English Weekly»: im Sommer 1936 in drei Heften Gedichte, im März 1938 die Erzählung *A Visit to Grandpa's* und in sieben Heften des Jahrgangs 1938 sowie in drei Heften des Jahrgangs 1939 Besprechungen neuerschienener Romane.

Inzwischen hatte Dylan einen Interessenten gefunden, der ihm lieber war. Hayter Preston, der Feuilletonredakteur des Londoner «Sunday Referee», hatte Victor Benjamin Neuburg eine halbe Lyrikspalte zur Verfügung gestellt, aus der sehr bald eine ganze wurde. Die «Poet's Corner» setzte allwöchentlich eine halbe Guinee als Preis für das beste Gedicht aus; außerdem gab es kleinere Preise und weitere qualifizierte Einsendungen wurden lobend erwähnt. Schon hatten der scharfsichtige Neuburg und seine Assistentin Sheila MacLeod Schriftsteller wie Pamela Hansford Johnson und David Gascoyne entdeckt. Das Preisausschreiben war bereits etwa vier Monate gelaufen, als Dylan sein erstes Gedicht einsandte, *That Sanity Be Kept*. Es gewann einen ersten Preis und wurde am 3. September 1933 abgedruckt. Hiernach sandte Dylan regelmäßig Gedichte ein; wenngleich nicht alle gedruckt wurden, gewannen doch alle, die dieser Ehre teilhaftig wurden, Preise oder wurden lobend erwähnt. Dylans zweites, mit einem ersten Preis gekröntes Gedicht wurde am 29. Oktober, zwei Tage nach seinem neunzehnten Geburtstag, abgedruckt: *The Force that through the Green Fuse Drives the Flower*. Hier tauchen bereits die Parallelthemen von Lebenskraft und Todesnähe auf, die sich durch alle seine Gedichte und Erzählungen ziehen:

The Force that through the Green Fuse Drives the Flower

The force that through the green fuse drives the flower
Drives my green age; that blasts the roots of trees
Is my destroyer.
And I am dumb to tell the crooked rose
My youth is bent by the same wintry fever.

The force that drives the water through the rocks
Drives my red blood; that drives the mouthing streams
Turns mine to wax.

And I am dumb to mouth unto my veins
How at the mountain spring the same mouth sucks.

The hand that whirls the water in the pool
Stirs the quicksand; that ropes the blowing wind
Hauls my shroud sail.
And I am dumb to tell the hanging man
How of my clay is made the hangman's lime.

The lips of time leech to the fountain head;
Love drips and gathers, but the fallen blood
Shall calm her sores.
And I am dumb to tell a weather's wind
How time has ticked a heaven round the stars.
And I am dumb to tell the lover's tomb
How at my sheet goes the same crooked worm.

Die Kraft die durch die grüne Zündschnur treibt die Blüte

Die Kraft die durch die grüne Zündschnur treibt die Blüte
Treibt meine Jugend; sie die des Baumes Wurzel sprengt
Zerstört auch mich.
Und ich bin stumm vor der gebrochnen Rose
Mich Jungen beugt dasselbe Winterfieber.

Die Kraft die durch die Felsen treibt das Wasser
Treibt auch mein rotes Blut; sie die der Flüsse Mündung treibt
Macht Wachs aus mir.
Und ich bin stumm mein Mund gelangt nicht an die Adern
Derselbe Mund der an dem Bergquell saugt.

Die Hand die in dem Pfuhl das Wasser quirlt
Wühlt Triebsand auf; sie die den Wind fängt
Rollt meine Leichensegel ein.
Und ich bin stumm kann dem Gehenkten es nicht sagen
Wie sehr des Henkers Löschkalk aus meinem Lehme stammt.

Der Zeiten Lippe saugt den Quellgrund auf
Die Liebe tropft und sammelt sich, doch das gefloßne Blut
Wird ihre Schmerzen lindern.
Und ich bin stumm ich kann's dem Wind nicht sagen
Daß Zeit die Sterne mit dem Himmel hat umstellt.
Und ich bin stumm ich kann am Grab des Liebenden nicht sagen
Daß auch auf meinem Blatt derselbe Wurm sich krümmt.

Twenty Three.

The force that through the green fuse drives the flower
Drives my green age ; that blasts the roots of trees
Is my destroyer.
And I am dumb to tell the ~~eaten~~ rose
How at my sheet goes the same crooked worm,
And dumb to holla thunder to the skies
How at my cloths flies the same central
~~storm~~

The force that through the green fuse drives the flower
Drives my green age, that blasts the roots of trees
Is my destroyer.
And I am dumb to tell the crooked rose
My youth is bent by the same wintry fever.

The force that drives the water through the rocks
Drives my red blood ; that dries the mouthing
                                            stream
Turns mine to wax.

Manuskript des Gedichts «The Force that through the Green Fuse Drives the Flower»

Pamela Hansford Johnson

Der «Sunday Referee» druckte in der Folge fünf weitere Gedichte ab, das letzte im August des Jahres 1935. Bei den Versen, die Victor Neuburg zuerst hatten aufhorchen lassen, handelte es sich um ein dreiundzwanzigzeiliges Gedicht, das ziemlich offenkundig T. S. Eliot nachempfunden war; der Anfang lautete:

That sanity be kept I sit at open windows,
Regard the sky, make unobtrusive comment on the moon,
Sit at open windows in my shirt,
And let the traffic pass, the signals shine,
The engines run, the brass bands keep in tune,
For sanity must be preserved.

[Der Gesundheit zuliebe sitz ich am offenen Fenster,
Schau zum Himmel, mach unaufdringliche Bemerkungen über den Mond,
Sitze am offenen Fenster in meinem Hemd,
Laß den Verkehr vorbeiziehn, die Ampeln blinken,
Die Maschinen laufen, die Blaskapellen spielen ihr Stück,
Denn die Gesundheit geht vor.]

Wenig später schrieb Dylan, je mehr er über das Gedicht nachdenke, desto mehr mißfalle es ihm. Die Vorstellung, in Hemdsärmeln am offenen Fenster zu sitzen und sich als eine Art Jehova des Westens vorzukommen, sei doch ziemlich sonderbar. Ja, wenn er noch ein Apoll wäre! Er sei aber bloß ein schmächtiger Mensch mit einem dicken Schopf unordentlichen Haars. Adressatin dieser Gedanken war Pamela Hansford Johnson, der das Gedicht gefallen und die das dem unbekannten Verfasser geschrieben hatte. Damit nahm im September 1933 ein Briefwechsel seinen Anfang, der allmählich immer intensiver wurde, bis die beiden sich im Februar des folgenden Jahres persönlich kennenlernten. Zu Anfang hatte Dylan erklärt, sein Name, der sich auf «chillun» reime, komme «aus irgendeinem verrückten Grunde» aus den «Mabinogion» * und bedeute «Fürst der Fin-

---

* Die Mabinogion: «Erzählungen des Bardenlehrlings», vier mythische, um 1100 in kymrischer Sprache aufgezeichnete Erzählungen.

sternis». (In Wirklichkeit heißt der Name Dylan in dem walisischen Epos soviel wie «Sohn der Welle».) Er schilderte sich als etwa 1,69 Meter groß und 55 Kilo schwer; mausbraune Haare, große, blaugrün gesprenkelte Augen, drei Muttermale auf der rechten Wange, Schuhgröße 37; er habe eine Baritonstimme, die sich manchmal zu Tenorhöhen erhebe und manchmal wieder in Baßtiefen abrutsche.

Sein Vater, ein Schulmeister, sei wesentlich großzügiger und verständnisvoller als die Mutter, die von den Feldern und Weiden Carmarthenshires stamme. Seine einzige Schwester Nancy sei, nach Überwindung der Phasen «Schulmädchen», «Backfisch» und «Gesellschaftssnob», in einer gutbürgerlichen Ehe gelandet. Den Tabak, den Feind des Pfadfinders, und die Dichtkunst, die Freundin des alternden Mädchens, habe er schon in der Vorschule kennengelernt. Mit dem Alkohol, dem König der Dämonen, habe er auf der Oberstufe des Gymnasiums Bekanntschaft geschlossen. Nachdem er eine Zeitlang als Reporter über calvinistische Kirchen und Leichenschauhäuser berichtet habe, widme er sich jetzt ausschließlich der Schriftstellerei und verdiene nebenbei ein paar Pfund als Schauspieler.

Sie schickten einander Fotos; Dylan fand Pamelas Anblick furchteinflößend und nannte sie Wilhelmina. Er habe sie sich nicht so füllig, so strahlend, so kraftvoll vorgestellt, mit einem so englischen Kinn und einem so dominierenden Charakter; neben ihr empfinde er sich selbst mit seinem fliehenden Kinn als weibischen Eton Boy. Sehr bald begannen die beiden, Gedichte auszutauschen und zu kritisieren. Dylan behauptete stets, er bewundere ihre Verse, aber seine Anmerkungen waren vernichtend. Sie schreibe süßlichen Mädchenkitsch. Für jedes Wort wie «Jasmin», das sie bereit sei, wegzulassen, bot er an, ihr ein Wort wie «Bauch» abzutreten. Sie seien absolute Gegensätze: sie oben, wo die gnädige Frau Toilette mache, er unten, wo sie auf die Toilette gehe. Immerhin, schrieb er, sei er bereit, sich alle überflüssigen Scheußlichkeiten aus dem Bart zu kämmen, wenn sie verspräche, den nächsten Lenz vorübergehen zu lassen ohne einen Strom von Zähren auf dessen Grab zu vergießen.

Dylan behauptete, Byron, Keats und Shelley theoretisch zu bewundern, sagte aber harte Dinge über Wordsworth, diesen Schwätzer, diese große Niete in der Literatur, den wortgewandten, den humorlosen, platitüdenreichen Schilderer der langweiligsten Seiten der Natur. Er selbst wandle auf den Spuren Blakes, bleibe aber so weit hinter ihm zurück, daß er nur die Flügel an seinen Fersen von Ferne erblicke. Ihre Gedichte pflege er, ebenso wie seine eigenen (und Stellen aus «Macbeth», aus Beddoes' «Death's Jest Book» und aus Blakes «Prophetic Books»), laut aufzusagen, und zwar indem er sie mit schallender Stimme psalmodiere, so daß die Nachbarschaft wahrscheinlich längst alles auswendig wisse. Badezimmer, schrieb Dylan, würden seiner Ansicht nach eigens für Dichter gebaut, damit diese in der Wanne liegen und inmitten von Dampf und heißen Strudeln laut Verse sprechen könnten.

Pamela Hansford Johnson, um 1936

*Eine Fotografie,
die Dylan Pamela schenkte.
Um 1935*

Er schilderte die beiden Bibliotheken in seinem Haus, die eine dem Vater, die andere ihm gehörig. Bei seinem Vater stünden nichts als Klassiker, von Chaucer bis zu Henry James, lauter Enzyklopädien und Nachschlagewerke, der ganze Saintsbury und unzählige Bücher über Literaturwissenschaft, mit einem Wort: alles, was in eine anspruchsvolle Bibliothek hineingehöre. Er dagegen besitze fast ausschließlich Lyrik, vor allem moderne. So stünden bei ihm die gesammelten Gedichte von Gerard Manley Hopkins, Stephen Crane, Yeats, de la Mare, Osbert Sitwell, Wilfred Owen, W. H. Auden und T. S. Eliot, Lyrikbände von Aldous Huxley, Sacheverell und Edith Sitwell, Edna St. Vincent Millay, D. H. Lawrence, Humbert Wolfe, Siegfried Sassoon und Harold Monro, die meisten Bände von «Best Poems of the Year», zwei der georgianischen Anthologien, eine Anthologie der Imagisten, «Whips and Scorpions» (moderne satirische Dichtung), die Anthologie des «London Mercury», die «Nineties Anthology», ein Band Lyrik aus Cambridge und Studentenlyrik aus Oxford, das meiste von Lawrence, ein Großteil der Werke von Joyce mit Ausnahme des «Ulysses», sämtliche Übersetzungen aus dem Griechischen von Gilbert Murray, etwas Shaw, ein wenig Virginia Woolf und etwas E. M. Forster.

Er erzählte ihr von seiner schauspielerischen Arbeit; als Witwoud sei er mit «The Way of the World» herumgereist und in walisischsprachigen Tälern aufgetreten, wo die Leute von Anfang bis Ende nicht ein einziges schlüpfriges Wort verstanden hätten. Seine Spezialität seien Irre, Neurotiker, unsympathische, moderne junge Männer und Schmierenkomödianten. Als er hörte, daß auch Pamela sich als Schauspielerin versuchte, schlug er vor, falls sie hysterische junge Frauen mit Tumoren oder erotische junge Dinger mit ausgefallenen Ideen spiele, sollten sie sich zusammentun und in den Operettenhäusern der Provinz Grand Guignol spielen. Als Ergebnis dieses Meinungsaustauschs schrieb Dylan einen langen Brief in Form eines Einakters mit dem Titel *Spajma und Salnady, or: Who Shot the Emu?*, wobei die Namen der beiden Helden, Spajma Oh-no-nel und Salnady Moth, Anagramme ihrer beider Namen waren. Das Stück spielte in einem großen Saal mit rotbraunen Vorhängen; an die Decke waren scharlachrote Bananen gemalt, der Boden war mit den Häuten toter Aussätziger bedeckt; fast überall befanden sich Knäufe, außer an den Türen. In den Ecken des Raums lagen erdrosselte alte Botaniker, dazu einige linke Arme von Briefträgern und John Galsworthys sämtliche Werke. Bei Aufgehen des Vorhangs herrscht völlige Finsternis, die drei Stunden lang andauert. Schließlich hört man ein leises Stimmchen Albert auffordern, um Himmels willen Licht zu machen; hierauf enthüllt sich den Zuschauern der Geist der Dichtkunst: eine dicke Dame in der Uniform eines Feuerwehrmanns. Salnady und Spajma treten auf, diskutieren mit dem Geist und tauschen miteinander Gedanken aus. Nach ausführlicher und geistreicher Unterhaltung, in welcher Salnady den Titel von Pamela-

Spajmas nächstem Gedichtband «Symphony for Full Orchestra» tadelt, klettern die beiden eine Reihe sprechender Berge hinauf, und als der Vorhang fällt, weiß niemand, was dann kommt.

Wenn Dylan an Pamela schrieb, notierte er zunächst seine Einfälle auf lose Zettel. Hatten sich genügend angesammelt, so schrieb er sie mit Tinte auf große Bögen ab, wobei jedes Thema am Rand eine kleine Überschrift erhielt, und brachte dann jeweils fünf bis zwölf Blätter auf einmal zur Post. In einem solchen Brief schilderte er einen typischen Tag im Herbst des Jahres 1933. Beim Aufwachen fand er zum Frühstück einen Apfel, eine Banane und eine Zigarette am Bettrand vor. Er genoß alles im Bett liegend und las dazu die Morgenausgabe des «Telegraph». Hierauf rasierte er sich und rauchte dazu eine zweite Zigarette. Der Vormittag verging damit, daß er las, was gerade da war, Verse oder Prosa, Übersetzungen aus dem Griechischen, die Zeitschrift «Film Pictorial», einen neuen Roman aus Smiths Leihbücherei, einen neuen Band Kritiken oder eines seiner Lieblingsbücher, wie Grimm oder George Herbert. Gegen Mittag wanderte er hinunter zum «Uplands Hotel», um ein, zwei Gläschen Bier zu trinken, ehe er zum Mittagessen heimkehrte; anschließend setzte er sich an den Kamin und las. Der Nachmittag verging damit, ein Gedicht, eine Erzählung oder einen Brief zu schreiben oder seine Teufelchen an die frische Luft zu führen – das heißt einen einsamen Spaziergang entlang der öden Küste von Gower zu unternehmen. Nach dem Tee las oder schrieb er wieder bis sechs Uhr, dann ging er nach Mumbles und kehrte in ein bis zwei Kneipen ein; im «Marine», in der «Antilope» oder in der «Mermaid». Oft war um 20 Uhr Theaterprobe im Little Theatre; sonst verbrachte er den Abend bei Gesprächen in einem Lokal. Dann ging es 5 Kilometer weit heimwärts. Schließlich wurde noch gelesen oder geschrieben. Jedenfalls kein typisch englischer Tageslauf, meinte Dylan – dafür enthalte er zu viele Gedanken, zu viele Gespräche und zuviel Alkohol.

Mit der Zeit wurden die Briefe immer häufiger und vertraulicher, und bald schlich sich ein neckischer Ton ein. Dylan schrieb, in ihrem Zimmer sitze ein Teufelchen und sehe ihr mit seinen Augen zu. In einem Brief ließ er sich ausführlich darüber aus, wie unmenschlich die Haltung der Gesellschaft gegenüber dem Geschlechtsleben junger Leute sei. Er wies darauf hin, daß unsere Gesetzgebung mittelalterlich sei, wenn sie junge Menschen zu einer Zeit zur Enthaltsamkeit zwinge, in der sie das geschlechtliche Leben am nötigsten brauchten. Eigentlich müßte jeder junge Mensch ohne endgültige Bindung so viele Liebesbeziehungen eingehen dürfen wie er wolle, bis er eines Tages den Partner finde, mit dem er oder sie über einen längeren Zeitraum oder gar auf immer zusammen zu leben wünschten.

Das wohlerzogene junge Mädchen Pamela erwies sich als nicht ganz so kühn, weshalb Dylan sie ausschalt. Sie hatte ihm geschrieben, man wisse ja wohl, was es mit der geschlechtlichen Liebe auf sich habe, schon bevor man eigene Erfahrungen mache. Hierauf bemerkte Dylan arrogant, es werde ihr dereinst am Himmelstor sehr schwerfallen, eine derart sonderbare Behauptung zu verantworten, denn dort behandle man den Phallus als Wirklichkeit und nicht als einen Pfahl, um Platitüden daran aufzuhängen.

Allmählich regte sich bei Dylan der Wunsch, die Briefpartnerin persönlich kennenzulernen, und er dachte an eine Reise in die große Stadt. Seine Schwester Nancy hatte kurz vorher nach London geheiratet; er beschloß daher, sie zu besuchen und sich bei dieser Gelegenheit nach einer Arbeit umzutun. Oft genug hatte die am 2. September 1906 geborene Nancy Thomas den acht Jahre jüngeren Bruder bemuttert. Nach den Aussagen eines guten Bekannten war sie eine fröhliche, vielseitig interessierte und witzige Frau, spielte gern Laientheater und segelte gern. Sie liebte Dylan zärtlich und war schon außerordentlich stolz auf seine geniale sprachliche Begabung gewesen, als er noch ein kleiner Junge war. Als Dylan das erste Mal nach London kam, wohnte er nur kurze Zeit bei ihr, denn die Beziehung zu Pamela, ihrer Mutter Amy Clothilda Johnson und ihrer Tante war von Anfang an so herzlich, daß er binnen kurzem zu den Johnsons nach Battersea Rise 53 umzog. Pamela Johnson schildert das erste Zusammentreffen im Februar des Jahres 1934 so:

«Er war neunzehn, ich war einundzwanzig. Er erschien an einem trüben grauen Abend sehr spät, und er war ebenso befangen wie ich. ‹Wie schön, Sie nach all den Briefen persönlich kennenzulernen! Haben Sie die Gauguins gesehen?› (Wie ich später erfuhr, hatte Dylan bereits in Swansea angefangen, sich die Bemerkung über die Gauguins zurechtzulegen, und als er sie dann endlich los war, fand er, nun habe er seinerseits genug zu einer gebildeten Unterhaltung beigetragen.)

Er war sehr klein und schmächtig. Unter einem Regenmantel mit ausgebeulten Taschen – in der einen war eine kleine Flasche Brandy, in der anderen ein zerknüllter Haufen Gedichte und Erzählungen – trug er einen grauen Rollkragenpullover und eine ganz kleine Hose, die an ihm immer noch viel zu groß wirkte. Er hatte den Körper eines vierzehnjährigen Jungen. Als er den runden schwarzen Hut abnahm (wie ich ebenfalls später hörte, war das in seinen Augen eben die passende Kopfbedeckung für Dichter), entblößte er einen großen und eindrucksvollen Kopf, bedeckt mit nicht gerade zotteligem – schließlich machte er uns ja einen Besuch –, aber doch ungeschnittenem Haar, mattgolden wie eine Three-Penny-Münze, das in Wellen und Locken von einem strengen Mittelscheitel herabfiel. Er hatte eine sehr breite, nicht sehr hohe Stirn. Die Augen, die in feierlichen Augenblicken karamellfarben und undurchsichtig, in Augenblicken der Erregung sherryfarben und klar erschienen, waren groß und schön, nach unten zu stark gesprenkelt. Die Nase war massig; die dicken Lippen wirkten aufgesprungen, an der Unterlippe haftete ein Rest Zigarettenpapier. Das Kinn war klein, und die Diskrepanz zwischen der Schmalheit der unteren und der Breite der oberen Gesichtshälfte er-

Pamela Hansford Johnson, Tante Polly, Frau Thomas, Onkel und Tante Dosie Rees, Onkel Bob. 1936

gab eine zugleich lustige und schöne Gesamtwirkung. Er sah aus wie ein begabtes und kühnes Kind und wurde von meinen Verwandten sofort bemuttert, als wäre er wirklich noch klein...

Gern diktierte er seine Erzählungen meiner Mutter. Diese Erzählungen waren zum Teil geradezu erstaunlich unanständig – für damalige Begriffe. Meine Mutter (die Hände von den Tasten nehmend): ‹Dylan, das können Sie nicht schreiben!› Dylan, abwinkend: ‹Schreiben Sie nur, Mrs. Johnson, schreiben Sie nur! Das hat alles seine Richtigkeit – ich versichere Ihnen, das hat durchaus seine Richtigkeit!› [Es ging um einen frühen Entwurf zu *The Burning Baby*.]

Dylan erregte in unserer ruhigen, bürgerlichen Gegend nicht selten Aufsehen; absichtlich. Ich denke zum Beispiel an die Aufregung meiner Tante, die an einem kalten, nebeligen Herbstmorgen herunterkam und Dylan im Begriff fand, in einem blau-lila gemusterten Morgenrock, der meinem 1,82 Meter großen Onkel gehört hatte, und mit seinem schwarzen Dichterhut auf dem Kopf auf die belebte Hauptstraße hinauszutreten. ‹Dylan! So können Sie doch nicht auf die Straße gehen! Kommen Sie sofort herein!› Dylan (lüftet respektvoll-zustimmend den Hut): ‹Gern, Miss Howson. Wenn Sie es wünschen. Der Gedanke hat sicherlich viel für sich!›» [10]

Dylans erster Besuch bei Pamela dauerte vom 23. Februar bis zum 5. März 1934. Die beiden sahen im Royalty Theatre O'Caseys Stück «Within the Gates» und fanden daran so viel Geschmack, daß sie zweimal hingingen. Später besuchten sie das Alhambra Theatre, wo Franklin Dyall im «Kaufmann von Venedig» spielte, und amüsierten sich königlich darüber. Als Dyall die Verse sprach «Ich bitt' Euch, gebt mir Urlaub, fortzugehen, mir ist nicht wohl –», wobei er aussah, als leide er an einer akuten Herzthrombose, mußten die beiden nach Pamelas Bericht so lachen, daß sie fürchteten, aus dem Theater geworfen zu werden. Innerhalb von elf Tagen war aus der Bekanntschaft Verliebtheit geworden; es folgten Liebesbriefe.

Um diese Zeit erregte der Abdruck von Dylans Gedicht *Light Breaks Where No Sun Shines* in der Zeitschrift «The Listener» (am 14. März) teils Begeisterung, teils Unbehagen. Begeisterung sprach aus dem Brief Geoffrey Grigsons, der anbot, Gedichte von Dylan in seiner Zeitschrift «New Verse» abzudrucken; Stephen Spender gefiel das Gedicht so sehr, daß er anbot, dem Verfasser Buchbesprechungen zu verschaffen; T. S. Eliot lud ihn zu sich ein. Unbehagen sprach dagegen aus einer Unzahl von Briefen, die sich über die Obszönität bestimmter Verse beschwerten, worauf der «Listener» eine Zeitlang Dylans Lyrik boykottierte.

Während des zweiten Aufenthalts bei Pamela vom 31. März bis zum 9. April ging Dylan zum erstenmal zu einem «literarischen Frühstück» ins Café «Royal». Stephen Spender berichtete später, er habe diesem Ereignis mit solcher Besorgnis entgegengesehen, daß er William Plomer hinzubat. Das Ergebnis: Spender und Plomer plauderten so intensiv miteinander, daß Thomas von ihnen kaum ins Gespräch gezogen wurde. Immerhin fing Dylan im Verlauf dieser Begegnung an, Buchbesprechungen zu schreiben, teils für «The Bookman», teils für «Adelphi».

Sein Flirt blühte; Dylan schrieb Liebesbriefe, in denen er ein gemeinsames Leben auf einer Insel im Mittelmeer ausmalte, wo sie schreiben und lesen, lieben und schlafen und ihre Verse den Seehunden vorsingen wollten. Er glaube von ganzem Herzen, daß ihr Glück ewig währen würde wie das Lächeln der Katze von Cheshire *. Daneben schilderte er mit sadistischem Vergnügen die ihnen bevorstehenden Schrecken: eine lange Zukunft voller Wirrnis, ein langsames Dahinsterben aller Illusionen, bis sie am Ende gepfändet würden und mit Zündhölzern hausieren gehen müß-

---

* Ein Tier aus «Alice in Wonderland».

ten. Ihr würde schließlich bei seinem bloßen Anblick, ihm schon beim Klang ihrer Stimme speiübel werden!

Als Pamela die Kritiken ihres mit einem Hauptpreis des «Referee» ausgezeichneten Gedichtbandes «Symphony for Full Orchestra» las, wurde ihr klar, daß sie nicht zur Lyrikerin geboren sei. Sie hatte inzwischen begonnen, einen Roman zu schreiben.

Dylans drittem Abstecher nach London vom 13. bis zum 27. Juni folgte ein vierter vom 10. August bis zum 15. September, und es schien nun an der Zeit, Pamela einzuladen, damit sie seine Eltern kennenlernte. Die beiden fuhren zusammen nach Wales und wohnten vom 15. bis 28. September im Cwmdonkin Drive, von wo aus sie die Bucht von Rhossilli, The Worm's Head und die Halbinsel Gower durchstreiften. Dylans Vater unternahm den Versuch, Pamela Walisisch beizubringen (was Dylan nie gelernt hatte), und entsetzte sie mit der Schilderung der Prozeduren, denen man ihn in London unterworfen hatte, um seinen Kehlkopfkrebs zu heilen. Das Liebespaar verlebte herrliche Tage. Dylan arbeitete an *Especially When the October Wind* und *Foster the Light* und verfaßte seine Antwort auf eine Umfrage, die im Oktober in Grigsons «New Verse» erscheinen sollte. Pamela vollendete ihren in Eile geschriebenen Roman «This Bed Thy Centre».

Dylan hatte mittlerweile den zweiten Hauptpreis des «Referee» gewonnen, mit dem das Erscheinen des preisgekrönten Werks verbunden war. Aber der Verlag Faber & Faber, dem man das Buch zuerst angeboten hatte, beeilte sich wenig mit der Entscheidung, so daß man schließlich beschloß, es ihm wieder wegzunehmen, nachdem man mehrfach vertröstet worden war. Ein bereitwilligerer Verleger fand sich in der Person David Archers, des Miteigentümers der Buchhandlung Parton. Archer war ein großer Freund junger Dichter und steuerte selber 20 Pfund bei. Mark Goulden vom «Sunday Referee» gab weitere 30 Pfund. Auf diese Weise konnte der Band zum Jahresende erscheinen. Sheila MacLeod berichtet, wie Neuburg und sie zusammen den Verleger für Dylan entdeckten:

«Als wir an einem nebeligen Abend langsam aus der Redaktion des ‹Sunday Referee› nach Hause schlenderten, wobei wir über Dylans Arbeiten und unseren zweiten Hauptpreis sprachen, standen Victor Neuburg und ich plötzlich in einer höchst merkwürdigen Sackgasse. Wir wollten uns gerade umdrehen, um zurück in die größere Querstraße zu gelangen, als plötzlich aus einem Schaufenster unten in der Gasse ein Lichtstrahl in die nebelige Finsternis brach, der uns veranlaßte, stehenzubleiben. Wie magisch angezogen gingen wir auf der eigenen Spur dorthin zurück, wo vorher nichts als Dunkelheit gewesen war, und standen hingerissen vor einem feenhaften Bücherladen, dessen Fenster fast alle Neuerscheinungen zeigten, die wir uns gern gekauft hätten.

‹Beinah, als ob man uns erwartet!› sagte Victor, und wir traten ein.

Das Geschäft war leer; wir neigten uns über die Bücher und machten durch Geräusche darauf aufmerksam, daß Kunden da waren. Geräuschlos, wie aus dem Nichts aufgetaucht, stand plötzlich ein junger Mann im Laden, offensichtlich der Besitzer. Er machte einen etwas abwesenden Eindruck, und zwischen seiner Wesensart und der Art der Bücher, die er verkaufte, schien keine rechte Verbindung zu bestehen. Nach schwierigen Vorverhandlungen kauften wir gerade die Bücher, die wir uns am wenigsten leisten konnten, und fragten den Menschen dann, ob zufällig Dylan Thomas dieses Refugium schon entdeckt hätte. – ‹Allen Dichtern ist es bekannt!› erwiderte David Archer.»[11]

Neuburgs Büro befand sich in seinem Wohnhaus in St. John's Wood; in seinem Garten trafen regelmäßig junge Schriftsteller zusammen. Sheila MacLeod gibt eine romantische Beschreibung ihres ersten Zusammentreffens mit Dylan, bei dem auch David Gascoyne, Beth Tregaskis und ein Dutzend andere zugegen waren:

«Ich sah sein bronzenes Lockenhaupt vor dem Hintergrund eines ritterspornfarbenen Sommerhimmels – schneeige Wolken trieben hinter ihm dahin – damals nicht unähnlich dem Haupt eines jungen Cherubs... wie mit einer Aura von gewaltiger Kraft und Schicksalsvorahnung umgeben... ein kindlicher Jupiter, der in ihm schlummernden Kräfte nicht bewußt...»[12]

Im Garten wurde Tee serviert und die jungen Dichter verteilten sich über den Rasen, auf dem schon Haufen von Cornwall-Pastetchen und Flaschen mit Orangeade und Limonade bereitstanden; ein riesiger Baumstumpf diente als Rednerpult, von dem herab lyrische Improvisationen vorgetragen und widerstreitende Meinungen verfochten wurden. Dylans Einstellung gegenüber Victor Neuburg war, wie sich herausstellte, nicht allzu positiv. Bevor er ihn kennenlernte, erklärte Dylan Pamela in einem Brief, Neuburg nenne sich selbst «the Vickybird», weil er sich papageienhaft an der immer neuen Wiederholung von schon Gehörtem erfreue. Neuburg fasele von einem Reich in den Wolken fern allen Sektierertums, in dem die beste Dichtung entstehe, und verwässere die Wahrheit dieser Aussage dann wieder durch die Behauptung, ein Künstler müsse Sozialismus predigen. Dylan versicherte, es gebe für den Dichter keine Notwendigkeit, dies oder jenes zu tun; der Dichter sei sich selbst Gesetz; die einzige Begrenzung, die ein Künstler anerkennen dürfe, sei die Begrenzung der Form. Und bei der Dichtkunst müsse sich die Form aus der Sprache ergeben; sie müsse gefunden werden, dürfe niemals übergestülpt sein. Er selbst wolle in seiner eigenen Dichtung nicht bloß das ausdrücken, was andere Menschen fühlten, sondern Hüllen wegreißen und etwas zeigen, was andere Menschen sonst nie sähen. Neuburgs Muse, meinte Dylan, sei nie trunken genug, um wirklich emotional, und nie nüchtern genug, um wirklich intellektuell zu sein.

Zu Dylans letzten Abenteuern in Swansea gehörte sein Auftreten vor einer literarischen Vereinigung. Mit der ganzen Unverfrorenheit seiner neunzehn Jahre hielt er einen Vortrag über das Thema: *Pornographie in der Literatur des 19. Jahrhunderts.* Bert Trick berichtet:

«Er schrieb mehrere Wochen daran... an unseren Mittwochabenden las Dylan vor, was er inzwischen ausgearbeitet hatte... Es war aber so unanständig, so unglaublich unanständig, daß ich, offen gestanden, nicht glaubte, er werde je den Versuch machen, es an den Mann zu bringen... Der Abend rückte heran. Sechs aus unserem Kreis trafen sich in Hochstimmung bei uns in der Glanbrydan Avenue. Ich ließ sie in einer Reihe antreten wie Soldaten: ‹Rechts um kehrt, fertig, marsch!›, und wir marschierten los, fast schon nicht mehr zu bändigen im Vorgefühl dessen, was da kommen sollte... (Unterwegs wurde noch einmal eingekehrt; vor dem Lokal war die Straße aufgerissen und nur wenige rote Warnlaternen waren aufgestellt.) Aus der hellerleuchteten Kneipe ins Dunkel hinaustretend, übersah ich das Hindernis und landete sofort Hals über Kopf im Graben. Und da keine Zeit mehr blieb, die übrigen zu warnen, fielen sie einer nach dem anderen auf mich. Aber das hob unsere Stimmung nur noch mehr. Wir waren von Kopf bis Fuß mit grauem Lehm verschmiert, an unseren Schuhen waren Klumpen, so groß wie Pfannkuchen – wir waren wirklich eine wüste Lotterbande.» [13]

Der Abend fand bei Bates statt, den Eigentümern der Eisenwarenhandlung in der St. Helen's Road, in der darüberliegenden Wohnung. Die schmierige Rotte wurde von der feingekleideten Mrs. Bates empfangen und eine teppichbelegte Treppe hinaufgeführt. Im Zimmer saßen fünf Herren und etwa ein Dutzend Damen bereit, alle elegant und dunkel gekleidet; die Neuankömmlinge wurden vorgestellt.

In einem Briefkapitel an Pamela, überschrieben *Die Beschneidung des John O'London,* erzählt Dylan, er habe den Vortrag gehalten. Seine Darlegungen, die zunächst mir frostigem Schweigen aufgenommen wurden, wärmten die Zuhörer durch die sich häufenden Pointen allmählich so weit an, daß vereinzelt Gekicher zu hören war, bis am Ende nach Dylans dröhnendem Schlußruf: «Es lebe die Paarung!» dem Redner Fragen gestellt wurden. Würde es in dem kommunistischen Utopia, das er postuliere, Perversionen geben? Dylan erwiderte, was von den Zuhörern als Perversionen angesehen werde, seien weitgehend völlig gesunde Erscheinungen des geschlechtlichen Lebens. Auf welche Weise in einem solchen Staat eine Frau ihre Tugend verteidigen könne, fragte jemand. Die Antwort war: durch Blechunterhosen. Sind Sie für Geburtenkontrolle und für ein Gesetz, das die Abtreibung legalisiert? Der Tag, an dem diese Dinge legalisiert würden, werde in allen Kalendern rot angestrichen werden, erwiderte Dylan. Dylan versicherte Pamela, am Schluß des Abends hätten ältere Damen, die vorher bei der bloßen Erwähnung eines Pyjamas schockiert waren, sich höchst angeregt über Lesbiertum, Damenbinden und Unzucht unterhalten.

Es ging Dylan um diese Zeit gesundheitlich nicht gut. Er nahm ab –

zwischen März und Mai sank sein Gewicht von 55 auf 50,5 Kilogramm –, hatte Kopfschmerzen, schlief schlecht und sah schmal und blaß aus. Er äußerte, nach Meinung eines Arztes sei der Zustand seiner Lungen so schlecht, daß er nur noch vier Jahre zu leben habe. Dylan äußerte sich bis an sein Lebensende auf diese oder ähnliche Weise verschiedenen Personen gegenüber; dennoch gibt es keine Beweise dafür, daß sein Tod irgendwie mit einem Lungenleiden zusammenhing. Daß er lange und heiser hustete, konnte davon herrühren, daß er täglich ungefähr 40 Player- oder Woodbine-Zigaretten rauchte. Dylan behauptete, er sei fast fünf Jahre lang Kettenraucher gewesen und müsse nun Pfeife rauchen, was ihm verhaßt sei. Er klagte über Unwohlsein: Kopfschmerzen, die zwei Wochen lang nicht wichen, Schlaflosigkeit, die noch länger anhielt. Wie ein Echo seiner Beschwerden klang das Husten der Schafe, die auf dem zugeschütteten Wasserreservoir seinem Haus gegenüber weideten, ehe sie zum Schlachthof getrieben wurden. Dylan glaubte, die todgeweihten Tiere litten alle an Auszehrung. Ein hustendes Schaf – es mußte besonders krank sein – hielt ihn mit seinem trockenen Keuchen halbe Nächte lang wach. Manchmal liebäugelte er ein wenig mit seinem «poetischen Leiden». Er schrieb Pamela, er glaube nicht, daß die Auszehrung sich besonders stark auf seine Arbeiten auswirke. Trotz der Besorgnis über seinen Gesundheitszustand war er in dieser Zeit lyrisch sehr produktiv. Doch sehnte er sich aus seiner Umwelt fort. Er hatte begonnen, seine Umgebung zu hassen: er war der Enge und des Schmutzes müde, müde all dessen, was er als die unaustilgbare Häßlichkeit der Waliser empfand. Er wollte weg von der Kleinkariertheit zu Hause, von der spießigen Verwandtschaft, die ihn belächelte.

Die häufigen Abstecher nach London hatten dazu beigetragen, daß Dylan sich in dem von der Weltwirtschaftskrise heimgesuchten Swansea immer weniger wohl fühlte; der Hunger und die Verzweiflung in den Gesichtern um ihn her waren bedrückend. Wales gehörte in den zwanziger und dreißiger Jahren zu den am schwersten betroffenen Gebieten Englands: an den Schaltern der Arbeitsämter standen Schlangen, ganze Dörfer waren bankrott, auf Schlackehaufen suchten Kinder nach Kohlen, Steinbrüche verwaisten, Schächte wurden stillgelegt, auf den Halden lungerten die Hauer, die Dächer der Fabriken fielen ein, aus den Schornsteinen quoll kein Rauch mehr, vor dem häßlichen Gebäude der Arbeitsvermittlung rotteten sich Arbeitslose zusammen. Arbeitslos waren die Kumpel, arbeitslos die Walzwerkarbeiter, alle waren arbeitslos – selbst Dylan Thomas. In einer später geschriebenen Erzählung heißt es: *Der junge Herr Thomas war augenblicklich stellungslos, doch hieß es, er werde demnächst nach London abreisen, um in Chelsea als freiberuflicher Journalist Karriere zu machen; er besaß keinen Penny und hoffte unbestimmt, sich von Frauen aushalten lassen zu können.*

In London

Als Dylan in der zweiten Novemberwoche des Jahres 1934 nach London aufbrach, machte er die Fahrt mit seinem älteren Freund Alfred Janes und dessen Eltern im Auto. Fred hatte schon vorher das Royal College of Art in London bezogen. In London erwies es sich als nicht ganz einfach, Geld zu verdienen; aber die Mutter konnte ihn mit einem Pfund Sterling pro Woche unterstützen, und als er anfing, Romane zu besprechen, stellte er sehr bald fest, daß die Besprechungsexemplare sich verkaufen ließen – oft zweimal: das erste Mal gleich nach dem Eintreffen des Buchs; sodann wurde unter dem Vorwand, die Sendung sei verlorengegangen, ein zweites Exemplar beim Verlag angefordert. Seinen Anteil an der Miete zahlte Dylan nicht immer sehr pünktlich. Doch dagegen wußte Fred Janes ein Mittel. Er stand morgens einfach als erster auf, durchsuchte Dylans Kleider und drehte sämtliche Taschen um, bis herausfiel, was an Münzen darin war. Janes war bedeutend stärker als Dylan und vergnügte sich damit, Dylan in die Luft zu stemmen, bis dieser schreiend verlangte, heruntergelassen zu werden.

Kaum in London angekommen, traf Dylan sich selbstverständlich mit Pamela, und nun begannen eingehende Überlegungen – Heirat oder nicht Heirat, das war hier die Frage. Endlich fiel die Entscheidung. Ihr fehle seiner Ansicht nach ein gewisses Etwas, schrieb Pamela, von dem er ihrer Ansicht nach zuviel hatte. So endete im Herbst des Jahres 1934 ihre Liebesgeschichte, nicht aber ihre Freundschaft. Sie sahen sich weiterhin, in London und auch im Sommer 1936, als Pamela einen Abstecher nach Wales machte. Im Dezember des Jahres 1936 heiratete Pamela Gordon (Neil) Stewart; danach sahen sie einander seltener.

Offenbar war der Grund für die Trennung der, daß Dylan sich immer mehr zum Bohemien entwickelte. Es war noch in Swansea, daß er das erste Mal wirklich über die Stränge schlug. Angstvoll beichtete er damals Pamela, er könne kaum den Bleistift halten. Er verglich seinen Zustand mit dem Augenblick, als sie das erste Mal Abschied nahmen; es war in einem «Kardomah»-Café in London, als das Gefühl der Liebe zu ihr ihn so überwältigte, daß er nichts mehr sagen konnte. – Er hatte in Laugharne einiges getrunken und sich schon danach nicht ganz wohl gefühlt. An einem Mittwochvormittag brach er nach Gower auf, wo ein Zechgenosse namens Cliff ihn in seinen Bungalow eingeladen hatte. Abends im Wirtshaus gesellte sich ein weibliches Wesen zu ihnen, das wir Jane nennen wollen, lang, mager und dunkelhaarig; sie hatte ein loses Mundwerk und ein schrilles Lachen. Auf dem Heimweg machte sie beiden jungen Leuten Avancen; alle drei waren angetrunken. In dem Bungalow angekommen, zog man sich – nach einigen weiteren Gläschen – zurück. *Als moderner Mann*, wie Dylan sich ausdrückte, beschloß Cliff, mit Jane zu schlafen. Aber kaum war er mit ihr ins Bett gegangen, als sie schreiend in Dylans Zimmer gerannt kam. Die beiden schliefen dann nicht nur diese eine, sondern drei Nächte nacheinander zusammen, und man trank Tag und Nacht. Dylan, der alles ausführlich beichtete, behauptete, er sei dem Delirium tremens nahe; er liebe Pamela weiterhin von ganzem Herzen und hoffe inständig, sie werde ihm verzeihen.

In London ging das Bohèmeleben weiter. Jahre danach beschwor Dylan diese Zeit in einer Fernsehsendung. Die Bildnisse der vier Gefährten, gemalt von Fred Janes, erschienen auf dem Bildschirm, gefolgt von den Modellen selbst, die ex tempore sprachen. Als die Reihe an ihn kam, sagte Dylan:

Es ist schon schrecklich lange her. Fernsehen gab es damals noch nicht... noch nicht einmal Radio, so scheint es mir wenigstens, wenn ich diesen grünen Kobold da sehe, der mich so froschmäßig aus der Vergangenheit herauf anglotzt. (Das Bild muß aber abgenommen haben – ich erkenne es kaum wieder.) Es war noch vor Erfindung der Verbrennungsmaschine, vor Erfindung des Rades, vor ach wie lieber langer Zeit, in der goldenen Jugend! Weißt du noch, Fred? Das Goldene Zeitalter damals in London, als wir von Leben überbordende Bohèmebuben waren, im Exil. Wir waren unserer drei, du, ich und Mervyn Levy, drei ganz junge Ungeheuer, überschäumend und grün aus Swansea gekommen, und platzten beinahe vor Lyrik und Ehrgeiz und Stilleben. Wir wohnten alle zusammen in einem hohen, häßlichen, hirnverbrannt herrlichen Zimmer bei einer Mrs. Pastinak, hieß sie nicht so?, in Redcliffe Gardens. Zwei von uns hatten Bärte, und ich ließ mir gerade einen wachsen, schütter, rötlich und weich, ich glich einem marmeladengelben Kater, der die Krätze hat. Ich weiß nicht mehr, was daraus geworden ist, ob er runterfiel, ob jemand ihn mir abgerissen hat oder ob er bloß eingewachsen ist, ich komme nicht drauf. Mervyn hatte alle vierzehn Tage einen anderen Bart, alle waren typisch für ihn, spachtelförmige und andere... einmal trug er nur einen halben, pomadisiert und gekräuselt und parfümiert, unter einer Gesichtshälfte; in dieser Gegend fiel das aber nicht weiter auf, es war sehr ärgerlich. Mrs. Pastinak unten kochte immer Kohl, Kohl und Kerzen und Mäuse wohl. Und einer von uns malte nur Makrelen, immer Makrelen, tagein, tagaus, immer dieselben Makrelen übrigens, bis sie schließlich aufstanden und wandelten, immer im Zimmer herum als richtige, lebende Modelle. Und der Kamin keuchte und schnaubte wie ein Wolf. Im Zimmer nebenan

*Mervyn Levy.
Gemälde von
Alfred Janes*

wohnten, glaube ich, Kater; sie zahlten die Miete wahrscheinlich in natura, mit Mäusen zum Kochen an Mrs. Pastinak. Ein Stockwerk höher, gerade über uns, komponierten verzweifelte Männchen eine Oper, wie uns schien – eine recht unmusikalische Oper mit vielen durchdringenden Schreien und scheppernden Eimern. Und dann war da noch ein anderer Mieter, der wohnte in einer kleinen Kammer bei der Treppe, wo es hineinregnete; man sah ihn nie, doch er machte Geräusche wie ein Zug, der durch einen Tunnel fährt. Mervyn Levy war Kunststudent und stand gerade vor neuen Experimenten; Janes übte Angeln und Jiu-Jitsu; ich schrieb Gedichte (oder etwas Ähnliches), um unsterblich zu werden und in die «Poets' Corner» des «Sunday Referee» zu kommen. Was wir im Topf hatten, weiß ich nicht mehr, außer es waren unsere Nachbarn vom Nebenzimmer mit Schwänzen und Miaus, jedenfalls schmeckte es wie im Hotel «Ritz». Wetter gab es nicht in jenen glücklichen Zeiten, nur hell und dunkel, laut und leise, himmel-

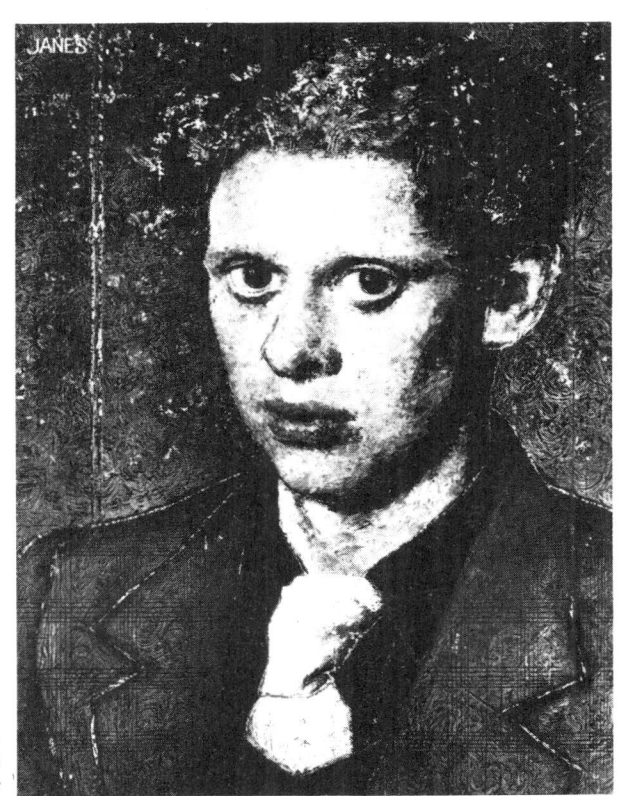

Dylan Thomas.
Gemälde von
Alfred Janes

hoch jauchzend und zu Tode betrübt. Wir hatten überhaupt kein Geld, und daran sehen Sie, wie jung wir waren: auch das fanden wir herrlich. Oder ist das dummes Geschwätz von gestandenen Leuten, ein Blick zurück durch die rosa Brille? ... Und wir hatten schreckliches Heimweh nach unserer Heimatstadt Swansea, der wir für immer und ewig den Rücken gekehrt hatten.[14]

Dylans und Janes' gemeinsame Bude war ein Leerzimmer in der Redcliffe Street in South Kensington; die Hauseigentümerin war eine Mrs. Heather. Es enthielt zwei Feldbetten, einen Tisch und einen Kocher, der aussah wie eine große, viereckige Keksbüchse und nur eine Flamme hatte.

Dylan schrieb an Bert Trick, er lebe in der Gegend der falschen Künstler und Bärte; man kultiviere hier frivole Wendungen vergangener Modeepochen; die ausschweifenden Feste, die er erlebe, seien langweiliger, als er es je für möglich gehalten habe. Er spottete darüber, daß hier ein jeder leicht angesäuselt, leicht schmuddelig, leicht verkommen und leicht verrückt sei, und mokierte sich über sich selbst, der Platitüden über Gauguin und van Gogh nachbetete, als sage er die originellsten Dinge der Welt.

Später zogen die beiden jungen Männer mehr ins Zentrum von Chelsea, in die Coleherne Road 21, wo sich der dritte junge Swanseaer, Mervyn Levy, zu ihnen gesellte. Mervyn, der Dylan ebenfalls seit der Vorschule in Mirador Crescent kannte, war gleichfalls Maler wie Fred, aber ein Mensch von ganz anderer Wesensart. Fred war verantwortungsbewußt, er kochte und zahlte die Miete. Mervyn war ein echter Bohemien: hatte er kein Geld mehr, so zerriß er die bereits zerlumpte Hose noch mehr und stellte sich, als Bettler verkleidet, so lange an eine Straßenecke, bis er das Geld für ein paar Glas Bier zusammen hatte.

Durch seinen Charme half Dylan sich aus mancher heiklen Situation. Eines Abends – es war einige Zeit später, als Levy schon ausgezogen war – wollte Dylan ihn zusammen mit einem Bekannten besuchen; beide waren angetrunken und laut. Die auf Anstand bedachte Zimmerwirtin ging zu Levy: «Zwei gräßliche Kerls sind unten und wollen Sie sprechen. Es wäre mir lieb, wenn Sie sie wegschicken könnten!» Als Levy mit ihr herunterkam, bemerkte Dylan das Funkeln in den Augen der Wirtin und fing an, ihren Arm von den Fingerspitzen bis zum Ellbogen mit galanten Küssen zu bedecken, worauf ein Lächeln ihr Gesicht erhellte und sie ihn hereinbat. Ein anderes Mal, als ein Polizist Dylan und dessen Freund Anthony Hubbard wegen Störung der öffentlichen Ordnung anhielt und sie gerade festnehmen wollte, fiel Dylan auf die Knie und bat in feierlichem Singsang: «Lieber Herr Wachtmeister, ach, gebrauchen Sie nicht Ihre Macht, Meister!» Der Wachtmeister lachte, sein Zorn schwand dahin, und er ließ die beiden laufen.

Einmal fuhren Dylan und Mervyn im Taxi durch die Stadt; Dylan schmiegte seinen mageren Körper fest in den weiten Mantel, zog den Hut in die Stirn, grinste durch die Lücken seiner ausgebrochenen Zähne und murmelte begeistert: «Wunderbar ist es hier drin, Mervy; wie in einem Schoß mit Aussicht!»

Es hatte Dylan unter anderem besonders deshalb nach London gezogen, weil er dabei sein wollte, wenn im Dezember sein Buch herauskam. Ein so schmaler Band von nur achtzehn Gedichten, fast alle schwer verständlich, von einem Autor, der nur einem kleineren Kreis bekannt ist, kann leicht übersehen werden; doch Dylans Büchlein fand gute Aufnahme. Rayner Heppenstall schrieb im «Adelphi»:

«Fast alle Lyrik ist heute schlecht, weil die Lyriker entweder zu eigenbrötlerisch oder zu schwach auf der Brust sind, um sich auf die Hinterbeine zu stellen und etwas zu leisten. Ich begrüße in Dylan Thomas einen Dichter, dem Verlegenheit, Heiserkeit, Schmollerei und Gestotter so fremd sind, daß ich seine *18 Poems* ausdrücklich für die größte Hoffnung der englischen Dichtkunst seit dem letzten Band von Robert Graves erklären muß... Mängel? Viele... eine gewisse Überladenheit, Widersprüche und Bildüberschneidungen, der krampfhafte Versuch, die Sprache zu überfordern, Zusammenziehungen... Doch sind diese Erscheinungen alle das Ergebnis einer Tugend, nämlich einer überstarken Vorstellungskraft... Dies Buch sollten Sie lesen!» [15]

Im «Listener» schrieb der bedeutende Lyriker und Kritiker Edwin Muir: «Was einen bei der Dichtung des Dylan Thomas als erstes frappiert ist ihre rein poetische Kraft. Sie enthält nichts, was man mit Prosa verwechseln könnte. Auf natürliche Weise scheinen sich bei ihm Gedanken unablässig in Bilder umzusetzen.» [16]

Sowohl Bert Trick als auch John Jennings veröffentlichten im «Swansea and West Wales Guardian» außerordentlich günstige Besprechungen; aber über Trevor Hughes' übertriebenes Lob der *18 Poems* in einem Leserbrief an dasselbe Blatt war Dylan verärgert. Er nannte Hughes einen manierierten Schönredner und lehnte seinen Vergleich mit Knospen und Blüten ab: er sei keine Pflanze. Die strengste Kritik erschien überraschenderweise in der Zeitschrift «New Verse», deren Herausgeber bis dahin Dylans Hauptvorkämpfer gewesen war. Geoffrey Grigson hatte fünf der Gedichte abgedruckt und sollte später vier weitere Werke aus Dylans zweitem Gedichtband veröffentlichen, hatte jedoch in dieser Besprechung mehr zu tadeln als zu loben. Er mißbilligte die rhythmische, die thematische, die ausdrucksmäßige und die bildliche Monotonie der Verse. Er fand, die Themen Geburt, Begattung und Tod wiederholten sich zu oft und der Wortschatz sei in zu starkem Maße dem Gebiet der Anatomie entnommen. Immerhin schloß er: «Wenn man von allem Schlechten absieht, bleibt immer noch folgendes Gute: rhetorische Versiertheit, die selten gewordene geistige Tugend der Bemühung um die Form, und manchmal und nicht einmal gar zu selten Aussagen von außerordentlicher Bildhaftigkeit, die Beschwörung einer Wirklichkeit jenseits der Realität... Er braucht Strenge gegen sich selbst; aber in ihm steckt mehr, und er hat eine skeptischere Intelligenz und schreibt echtere Prosa (von den Gedichten einmal abgesehen) als die meisten neuen Dichter.» [17]

Die ausschlaggebende Anerkennung wurde ihm zuletzt zuteil, und zwar 1936 im Februar-Heft des «London Mercury», wo Edith Sitwell schrieb: «Um die Erregung zu bezeichnen, die mich beim Lesen dieses Gedichts ergriff, wäre kein Ausdruck übertrieben. [*A Grief Ago*, in *18 Poems* nicht enthalten, erschien 1935 im Oktober-Heft von «Programme».] Wie schön und bewegend ist es trotz aller Dunkelheiten! Bei diesem jungen Mann, so sagte ich zu mir, deutet alles darauf hin, daß er ein großer Dichter wird, wenn er nur dem Hang zur Dunkelheit kräftig genug entgegenarbeitet. Mir ist kein junger Lyriker aus unseren Tagen bekannt, dessen dichterische Begabung diesen Zug ins Große hätte.» [18]

Edith Sitwell

Dylan Thomas' Ruf war begründet und wurde weiter gefestigt, als Edith Sitwell den *Twenty-Five Poems* im Herbst 1936 in der «Sunday Times» wiederum höchstes Lob zollte.

In dem Londoner Winter 1934/35 schloß Dylan viele Freundschaften, so mit dem schottischen Lyriker und Kritiker Ruthven Todd, dem Lyriker Bernard Spencer, dem walisischen Maler William Scott (der in der Coleherne Road in dem Stockwerk über ihm wohnte), dem Lyriker und Werbetexter Norman Cameron und dem Herausgeber sowohl der Literaturseite der «Morning Post» wie des «New Verse» Geoffrey Grigson. Er hauste bald bei dem einen, bald bei dem anderen. Wöchentlich verdiente er zirka 5 Pfund mit der Besprechung der neuesten «mystery thriller» für die «Post». Er lebte das lockere Leben eines eben auf die Großstadt losgelassenen Zwanzigjährigen, freundete sich mit leichten Mädchen an und soff tüchtig. Über einen typischen Scherz erzählt Geoffrey Grigson:

«In unserem Freundeskreis liefen, wie in manchen Familien, ganze Serien von Witzen und Geschichten um; sie beruhten auf Wortspielen. Typisch war eine sagenhafte Werbereihe über ‹Nachtspeise›, eine Erfindung und ein Patent von Thomas, ‹Nachtspeise›, eine beinahe alchimistische Flüssigkeit, die nächtliche Hungergefühle stillte – mit obszönen Ausschmückungen wurde nicht gespart –, wie sie die Reklame für heiße Getränke vor dem Schlafengehen ja bereits (mit Hilfe Norman Camerons, des Werbetexters) postuliert hatte.»[19]

Dylan bekam alle möglichen Spitznamen: «die entstofflichte Drüse», «Ditch» (etwa: Abwasser), «häßliches Kindlein», «Dylan Dreckspatz». Nur noch selten schlug er ein Buch auf (abgesehen von Thrillern); die prächtige Künstlerkrawatte hatte er abgelegt. Dafür gab er sich so, wie London es anscheinend liebte: als abgebrühten Burschen, als Jungen, der eine Sauferei durchsteht. Von Zeit zu Zeit spuckte er Blut. Einerseits war er über seinen Gesundheitszustand beunruhigt, andererseits übertrieb er stark. Nach Ansicht eines Bekannten war Dylan «ein wenig verliebt in die populäre Vorstellung vom schwindsüchtigen oder geschlechtskranken jungen Dichter».

In Donegal

Um einmal aus dem verlotterten Londoner Leben herauszukommen und ernsthaft an einem neuen Band Gedichte arbeiten zu können, den J. M. Dent zu verlegen sich erboten hatte, fuhr Dylan im Sommer 1935 mit Geoffrey Grigson für ein paar Wochen an die irische Westküste. Unterwegs blieben sie einige Tage bei Dan Jones in Harrow. Jones hatte das Gymnasium 1931 verlassen, um das University College in Swansea zu besuchen, wo er Englisch studierte; 1934 machte er seinen Bachelor of Arts. In den Jahren 1931 bis 1934 hatte er eine große Anzahl von Dylans Gedichten vertont; seine Musik galt als sehr romantisch, manchmal süßlich. Später, in den Jahren 1935 und 1936, studierte er an der Königlichen Musikakademie, gewann ein Mendelssohn-Stipendium und konnte sich damit von 1936 bis 1937 in Rom und Wien aufhalten. Wie Dylan berichtete, war er im Sommer 1935 klüger denn je; zwar sei er weder auf dem Gebiet der Musik noch auf dem der Schriftstellerei ein Meister – obgleich auf beiden Gebieten beschlagen, ja teilweise brillant; aber er habe ihn gern, obgleich Dan ein Geck, ein Snob und ein Lümmel sei.

Grigson und Dylan setzten die Reise nach Glen Lough fort. Hier hatte der Sage nach früher ein Bauernhaus mit drei Kammern gestanden. Der amerikanische Künstler Rockwell Kent hatte es 1926 entdeckt, den früheren Stall repariert, weiß gekalkt, selbstgezimmerte Möbel hineingestellt und bedruckten Kattun an die Fenster gehängt. Geoffrey Grigson schrieb später:

«In diesem Schuppen am Rand eine Flüßchens, das aus den Seen kam, lebten Dylan und ich eine Zeitlang, brannten Torffeuer, um uns zu trocknen, und hatten im Hintergrund eine Eineinviertelliterflasche mit ‹Potheen›, einem schwarzgebrannten, farblosen Whisky… Von den Klippen sahen wir zu, wie die Tölpel sich fallen ließen, bis sie nur noch Punkte auf dem Atlantik waren; hinter Bauernhaus und umgebautem Stall steil hinaufkletternd, kamen wir zu den Seen; wir riefen den ringsum aufragenden, hallenden Bergwänden zu: ‹Wir sind die Toten!›, und mehrfache Echos antworteten: ‹Wir sind die Toten, sind die Toten, die Toten!› An einem Abend riefen wir so lange in die Berge über dem See hinein, bis wir uns selbst Angst eingejagt hatten und durch Heidekraut, Farn und Nässe hinuntergehasteten in die Geborgenheit des Bauernhauses, wo Dylan seine unter dem Schmutz weißen Füße, seine Swanseaer Füße, neben den riesenhaften braunen Füßen des Bauern, Dan Ward, dem heißen Torf entgegenstreckte. Manchmal huschten wir das gewaltige Steilufer hinunter an das kalte Meer, das uns erschauern ließ, und sangen den schwarzen Seehunden den ‹Ram of Derbyshire› vor. Es gab keinen Sand, keinen Kies an diesem Steilufer, nur weiße Kiesel, die wie Eier oder wie Brancusi-Köpfe geformt waren. Wir malten ihnen mit schwarzem Stift Gesichter auf, gaben ihnen Namen, stellten sie nebeneinander an der Felswand auf und zertrümmerten sie, indem wir andere große weiße Kiesel nach ihnen schleuderten, Wurf auf Wurf; so versanken sie in ein literarisches Nichts – denn es waren Schriftstellerphysiognomien – sanken in literarische Vergessenheit.» [20]

Daß die Kiesel ebenso häufig Freunde und Gönner (etwa Edith Sitwell, Cyril Connolly) wie Feinde darstellten, machte den besonderen Reiz des Spiels aus. Nach einer Woche kehrte Grigson zu Frau und Töchterchen nach London zurück, während Dylan noch bis September bleiben wollte. Der Bauer und seine gälisch sprechende Frau Rose hatten sich Dylans persönlichem Zauber nicht entziehen können und ihn freundlich behandelt – zu ihrem Schaden. Dylan nahm eines Tages sein Bündel und wanderte über die Berge davon, ohne einen Penny des vereinbarten Pensionspreises zu bezahlen. Das Geld wurde schließlich von einem Bekannten Dylans übersandt. Als man Dylan sein schlechtes Benehmen vorhielt, reagierte er, wie oft unter ähnlichen Umständen, mit Schmollen; er spielte, wie Grigson es nannte, den «beleidigten Säugling».

Im Herbst und Winter besprach Dylan in London weiter «mystery thriller» für die «Morning Post»; außerdem gelang es ihm, seine Dichtungen bei verschiedenen Publikationen unterzubringen. Er lunchte mit T. S. Eliot und besprach mit ihm verschiedene Kuren gegen Rheumatismus. Später stellte T. S. Eliot, «der Erzbischof», ihm einen namhaften Geldbetrag zur Verfügung. Übertreibend schilderte Dylan seinen Londoner Lebensstil als wechselnden Geschlechtsverkehr, Saufen, bunte

Hemden, zu viel Gerede und zu wenig Arbeit. Im März 1936 nahm er, um wiederum alles hinter sich zu lassen, die Einladung von Mrs. Wyn Henderson an, in Cornwall ihr «Maskottchen und hochwillkommener Gast» zu sein. Mrs. Henderson leitete Peggy Guggenheims Galerie Bloomsbury. Das Leben in ihrem Häuschen verführte kaum zu Zechtouren, da das nächste Lokal 3 Meilen entfernt war; dafür verleitete es zum Arbeiten, denn es gab wenig anderes zu tun. Die Gastgeberin überredete Dylan, sich zu Ostern eine Aufnahme der «Matthäus-Passion» anzuhören; er meinte danach, es sei eine wunderschöne und zugleich durchaus homosexuelle Liebesgeschichte. Man unterhielt sich oft über Psychologie. Mrs. Henderson, die sich einer mehrere Jahre dauernden Psychoanalyse unterzogen hatte, machte verschiedene Anmerkungen über die mutmaßlichen Motive für Dylans oft exzentrisches Benehmen. Mit solchen intellektuellen Analysen des Unbewußten wollte Dylan aber nichts zu schaffen haben.

Surrealismus

Zu den bedeutendsten Ereignissen im Sommer 1936 zählte für das künstlerisch interessierte London die Internationale Surrealistische Ausstellung, die vom 11. Juni bis 4. Juli in den weiten Räumen der New Burlington Galleries gezeigt wurde. Die Schau war auf Initiative von Roland Penrose unter Mithilfe des Lyrikers David Gascoyne zustande gekommen; auch Henry Moore, Herbert Read, André Breton, Salvador Dalí, Paul Nash und Paul Éluard beteiligten sich. Dalí hatte das Gesicht eines hübschen jungen Mädchens vollkommen mit Rosen zudecken lassen; sie bewegte sich am Eröffnungstag unter den Gästen als «blumenköpfige Frau». Dylan war von dieser und anderen surrealistischen Manifestationen entzückt und sah sich die Ausstellung mehrmals an. Er soll sich bei einem dieser Besuche den Geist der Schau so weit zu eigen gemacht haben, daß er Bindfäden kochte und sie den Anwesenden als Leckerei servierte. Am 26. Juni fanden Dichterlesungen im Rahmen der Ausstellung statt; Paul Éluard, David Gascoyne, Dylan und andere sprachen eigene Gedichte. Dylans dichterischer Instinkt stand zum Automatismus der Surrealisten im äußersten Gegensatz. Doch gerade weil er von dem Drang, zu verbessern, von Formfragen besessen war, faszinierten ihn bei den Surrealisten die erstaunlichen Bilder aus dem Unbewußten. Dylans eigener Surrealismus trat vor allem in den Erzählungen hervor, die bereits im März 1934 begonnen hatten, an die Öffentlichkeit zu dringen, als der «New English Weekly» *After the Fair* publizierte. Danach erschienen die Geschichten, die mehr oder weniger phantastische Einfälle und Vorstellungen enthielten, in vielen verschiedenen Publikationsorganen. 1939 wurden sie bei Dent unter dem Titel *The Map of Love* zum erstenmal in Buchform verlegt.

Caitlin Macnamara

Dylan lernte seine künftige Frau im April des Jahres 1936 in dem Lokal «The Wheatsheaf» in der Charlotte Street in London kennen. Hier fand eine große, lärmende Gesellschaft statt, an der auch Augustus John in Begleitung seiner zweiundzwanzigjährigen Nachbarin Caitlin Macnamara teilnahm, die ihm für ein Porträt gesessen hatte. Gleich beim Kennenlernen fühlten Dylan und Caitlin sich zueinander hingezogen: sie unterhielten sich stundenlang und verabredeten sich sofort wieder. Wenige Wochen später wurde das Paar von dem Romancier Richard Hughes in dessen Haus bei der Schloßruine von Laugharne eingeladen. Dylan und Caitlin nahmen begeistert an, und der Aufenthalt, der ein Wochenende hatte werden sollen, dehnte sich länger und länger aus, denn die beiden hatten kein Geld für die Rückfahrt. So begann eine Gemeinsamkeit, die etwa ein Jahr später zur Ehe führte.

Caitlin Macnamaras Vorfahren waren Franzosen und Engländer. Der Vater Francis konnte seinen Lebensunterhalt zum großen Teil von einer Erbschaft bestreiten. Sein Jugendehrgeiz war es gewesen, Gerichtsanwalt zu werden; doch bald gab er um der Schriftstellerei willen diesen Plan auf. Er verfaßte Erzählungen und einen Gedichtband «Marionettes» und starb 1946. Die Mutter, Yvonne, geborene Majolier, wuchs in London und in Congenies, dem bei Nîmes gelegenen Wohnsitz ihrer Familie, auf und heiratete 1907 in London. Caitlin war das vierte, jüngste und lebhafteste Kind. Sie wurde am 8. Dezember 1913 in London geboren; bald darauf zerbrach die Ehe ihrer Eltern.

Mit siebzehn Jahren stellte sie in dramatischer Weise ihre Selbständigkeit unter Beweis, indem sie, zusammen mit ihrer Schulfreundin Vivian John, der jüngsten Tochter des Nachbarn Augustus John, von zu Hause fortlief, um in London zur Bühne zu gehen. Dort nahm sie zunächst alle Arten von Tanzstunden. Mit achtzehn Jahren gehörte Caitlin zur Tanzgruppe des Palladium. So gut sie tanzen mochte, pünktlich war sie nicht; nach etwa zwei Monaten wurde ihre Bühnenlaufbahn von der Theaterleitung beendet. Ihr Interesse am Tanz jedoch blieb. Sie lernte eine exotische Polin kennen, die «eurythmischen» Tanz lehrte; eine Reihe von Fotografien sind erhalten, die ihre Einfühlung in diesen Tanzstil beweisen. Caitlin bezeichnete diese Zeit als ihre «halykonische Isadora Dun-

Im Garten von Richard Hughes an der Burgruine von Laugharne

can-Zeit, als ich mir darin gefiel, mich den Wogen von Melodie, der Bewegung und allem möglichen zu verschreiben – außer dem Kochtopf; die Zeit der griechischen Gewänder und der Merkur-Sandalen – halbe Sachen gab es für mich nicht!».

Dylan sagte später, Caitlin und er hätten vom ersten Augenblick an

Caitlin Macnamara. Gemälde von Augustus John

heiraten wollen. Im Sommer 1937 fuhren sie zusammen nach Cornwall,
wohnten einige Wochen in einem Atelier in Newlyn und übersiedelten
dann nach Wyn Hendersons Lobster Pot. Hier fiel die Entscheidung; am
12. Juli 1937 heirateten Dylan und Caitlin im Standesamt von Penzance in
Cornwall. Sie wohnten noch einige Zeit bei Mrs. Henderson, bis Augustus John angereist kam und sie zu Dylans Eltern nach Swansea fuhren.
Später ging es weiter nach Ringwood im New Forest, wo sie sich dann bei
Caitlins Mutter häuslich niederließen.

Das Haus von Mrs. Macnamara, New Inn House – ein reizvolles altes

Caitlin: eurythmischer Tanz

Gebäude an der Gabelung einer Straße namens Blashford Road –, liegt unweit des Marktfleckens Ringwood in Hampshire; es ist ein früheres Bauernhaus. Die umliegenden Felder sind eine Blumenwildnis. Vor über hundert Jahren war es eine Gastwirtschaft, «The New Inn»; das Gastzimmer mit dem Erkerfenster dient heute der Familie als Eßzimmer. Nach hinten hinaus liegt ein Anbau aus neuerer Zeit, ein früherer Holzschuppen, der in einen großen, einstöckigen, rechteckigen Raum umgewandelt wurde, das Große Zimmer; vor dem hohen Fenster mit Blick auf ein Gartenstück steht ein Schreibtisch. In diesem Zimmer arbeitete Dylan uner-

Das Haus von Yvonne Macnamara in Blasford, Ringwood

müdlich an seinen Gedichten: *We Lying by Seasand, I Make this in a Warring Absence, The Spire Cranes* und *O Make Me a Mask.* Hier entstand Prosa wie *The Map of Love, In the Direction of the Beginning, Tribute to Auden* und zahlreiche Romanbesprechungen für den «New English Weekly». Jeden Nachmittag zog Dylan sich zum Arbeiten in das Große Zimmer zurück. Hatte er ein Gedicht revidiert und die Neufassung sauber abgeschrieben, so drehte er die früheren Fassungen zu festen Röllchen; gegen Ende des Nachmittags war der Boden stets mit lauter Papierröllchen übersät. Täglich fuhren Caitlin und er mit dem Fahrrad in den New Forest. Es war eine Zeit der Geldnot und des Glücks.

Hier vollendete Dylan auch eines seiner bekanntesten Werke, eine Totenklage um seine am 7. Februar 1933 gestorbene Tante Annie Jones. Das Gedicht umfaßte ursprünglich nur 24 Zeilen und war eine allgemeine Totenklage; später wurde es in eine persönliche Elegie umgewandelt. Es lag mit vielen anderen Entwürfen zwischen Dylans Notizen, bis er sich entschloß, den Band *The Map of Love* zu veröffentlichen. Am 1. April 1938 schickte er Vernon Watkins fünfzehn Zeilen des Gedichts. Als er schließlich die endgültige Fassung vollendet hatte, rief er Caitlin und Mrs. Macnamara in die Laube hinaus und las ihnen hier im Garten das Gedicht vor:

After the Funeral

(In memory of Ann Jones)

After the funeral, mule praises, brays,
Windshake of sailshaped ears, muffle-toed tap
Tap happily of one peg in the thick
Grave's foot, blinds down the lids, the teeth in black,
The spittled eyes, the salt ponds in the sleeves,
Morning smack of the spade that wakes up sleep,
Shakes a desolate boy who slits his throat
In the dark of the coffin and sheds dry leaves,
That breaks one bone to light with a judgment clout,
After the feast of tear-stuffed time and thistles
In a room with a stuffed fox and a stale fern,
I stand, for this memorial's sake, alone
In the snivelling hours with dead, humped Ann
Whose hooded, fountain heart once fell in puddles
Round the parched worlds of Wales and drowned each sun
(Though this for her is a monstrous image blindly
Magnified out of praise; her death was a still drop;
She would not have me sinking in the holy
Flood of her heart's fame; she would lie dumb and deep
And need no druid of her broken body).
But I, Ann's bard on a raised hearth, call all
The seas to service that her wood-tongued virtue
Babble like a bellbuoy over the hymning heads,
Bow down the walls of the ferned and foxy woods
That her love sing and swing through a brown chapel,
Bless her bent spirit with four, crossing birds.
Her flesh was meek as milk, but this skyward statue
With the wild breast and blessed and giant skull
Is carved from her in a room with a wet window
In a fiercely mourning house in a crooked year.
I know her scrubbed and sour humble hands
Lie with religion in their cramp, her threadbare
Whisper in a damp word, her wits drilled hollow,
Her fist of a face died clenched on a round pain;
And sculptured Ann is seventy years of stone.
These cloud-sopped, marble hands, this monumental
Argument of the hewn voice, gesture and psalm,
Storm me forever over her grave until
The stuffed lung of the fox twitch and cry Love
And the strutting fern lay seeds on the black sill.

Nach dem Begräbnis
(Zum Andenken an Ann Jones)
Nach dem Begräbnis, dem Maulesellob und -gewieher,
Dem Windwehn von Segellangohren, dem gedämpften Zehenspitztripp
Und Trapp des glücklichen einen Fußes mitten
Durch dick und dünn des Grabes, verhängten Lidern, Zähnen in Schwarz,
Nach speichligen Augen, nach Salzteichen in den Ärmeln,
Nach dem Morgengeklatsch des Spatens der weckt den Schlaf und der fest
Einen trostlosen Jungen rüttelt, der sich die Kehle durchschneidet
Im Dunkel des Sarges und dürres Laub fallen läßt,
Das einen Knochen ans Licht bricht mit Jüngstem Gerichtstagshieb;
Nach dem Schmaus von tränengestopfter Zeit und Disteln in einem Zim-
mer
Mit ausgestopftem Fuchs und abgestandenem Farn,
Steh ich um dieses Andenkens willen allein
In den wimmernden Stunden bei der toten, buckligen Ann,
Deren verkapptes Springbrunnenherz einst in Tümpeln fiel
Auf die dürren Welten von Wales und jede Sonne ersäufte
(Obwohl das für sie ein Ungeheuer von Bild ist, blindlings
Vergrößert vom Lob; ihr Tod war ein stiller Fall;
Sie würde nicht wollen, daß ich in die heilige
Flut ihres Herzensruhms sinke; sie läge stumm und tief
Und brauchte keinen Druiden ihres zerbrochenen Leibes).
Doch ich, Anns Barde an einem erhöhten Herd, ruf alle
Meere zur Andacht, daß Anns holzzüngige Tugend
Lalle wie eine Läutboje über den hymnenden Köpfen
Und zu Boden beuge die Wände der farnig-füchsischen Wälder,
Daß ihre Liebe singe und schwinge durch eine braune Kapelle,
Ihr verbogener Geist sei gesegnet mit vier sich kreuzenden Vögeln.
Ihr Fleisch war mild wie Milch, doch dies Denkmal gen Himmel
Mit wilder Brust und gesegnetem riesigem Schädel
Ist geschnitten aus ihr in einem Raum mit einem nassen Fenster
In einem lichterloh flennenden Haus in dem krummen Jahr.
Ich weiß, ihre gewaschenen demütig-sauren Hände
Liegen mit ihrem Glauben im Krampf; ich hör
Ihr abgeschabtes Flüstern, ein feuchtes Wort, ihr durchlöchertes Denken;
Ihre Faust von Gesicht starb geballt um ein rundes Schmerzensgestöhn;
Und die gemeißelte Ann ist ein Jahrsiebzig aus Stein.
Diese in Wolken getauchten marmornen Hände, dies monumentale
Argument aus gehauener Stimme, Geste und Psalm,
Das bestürmt mich immerzu über ihrem Grabe bis einst
Die ausgestopfte Lunge des Fuchses zuckt und ruft: Liebe
Und der stolzierende Farn legt Samen aufs schwarze Gesims.

(Übersetzt von Erich Fried)

In Wales

Daß Dylan und ein freier Geist wie Lawrence Durrell einander sympathisch sein würden, war vorauszusehen. Sie lernten sich im Dezember 1937 kennen, als Dylan und Caitlin eine Zeitlang in London bei der imposanten Dichterin Anna Wickham wohnten, einer Dame, die sowohl durch ihr äußeres Format wie durch ihren Freimut einschüchternd wirkte. Durrell suchte sie von Paris aus auf, weil er gehört hatte, sie führe ein «interessantes» Tagebuch, das bei Veröffentlichung in England teilweise mit dem Strafgesetz in Konflikt geraten würde. Dieser Umstand ließ es eventuell für «Booster» geeignet erscheinen, ein Bildmagazin, das Durrell und Henry Miller in Paris herausgaben. Es zeigte sich, daß ein solches Tagebuch nicht existierte, aber im Laufe der bei dieser Gelegenheit geschlossenen Bekanntschaft mit Lawrence Durrell äußerte Dylan den Wunsch, er würde sehr gern Henry Miller kennenlernen. Durrell versuchte Dylan dann brieflich zu veranlassen, gleichzeitig mit Miller nach Griechenland zu fahren; aber Dylan wußte, wo er am besten arbeiten konnte. Er antwortete Durrell:

Ich finde, der geeignetste Ort für einen flinken und feurigen Schriftsteller ist England. Die prächtigsten Preislieder auf die Sonne werden im Dunkeln geschrieben. Ich liebe das graue Land. Ein Eimer voll griechischer Sonne würde die vielen Farben, die ich mir gern aus grauem, fadem Inselschlick zurechtmische, in einer einzigen Farbe ersäufen. Wenn ich den Sonnenschein aufsuchte, würde ich einfach im Sonnenschein sitzen wollen; das wäre sehr angenehm, aber das tue ich nicht, und das einzig notwendige Tun für mich ist das, was ich gerade tue.[21]

Dylan lernte Miller etwas später kennen und schätzen, als dem «Booster» wegen Gefährdung der öffentlichen Moral der Prozeß drohte und er unter dem Namen «Delta» nach London verlegt wurde. Als Dylan jedoch England verließ, wandte er sich nicht nach Griechenland, sondern zurück nach Wales.

Sieben Monate blieben Dylan und Caitlin aus Ringwood fort: zuerst übersiedelten sie im April 1938 in die neue Wohnung seiner Eltern in Bishopston, einem Vorort von Swansea of Gower, wo das Ehepaar Thomas senior sich 1937 nach der Pensionierung niedergelassen hatte. Nach etwa dreimonatigem Aufenthalt zogen sie von dort nach Laugharne, wo

Henry Miller und Lawrence Durrell

sich der Anfang ihrer Liebesgeschichte abgespielt hatte. Zunächst mieteten sie *ein häßliches möbliertes Fischerhaus* in der Gosport Street und dann Sea View, einen *würdevollen hohen Bau im eleganten Teil der Stadt*, wo sie – mit Unterbrechungen – während der folgenden drei oder vier Jahre wohnten. Das schmale Haus hat nebst einem Keller drei Stockwerke, die jeweils nur aus einem Zimmer bestehen. (Heute noch ist als Erinnerung an ihren Aufenthalt gleich hinter der Eingangstür, über der Treppe, an der Decke in Dylans sauberer, ordentlicher Handschrift zu lesen: «Caitlin und Dylan Thomas zogen im August 1938 hier ein».) Die winzigen Zimmerchen waren behaglich und kamen Dylans Sinn für Gemütlichkeit entgegen. Er schreibt einmal:

Ich bin kein Landtyp; wenn überhaupt für etwas, bin ich für Zimmerpflanzen, ein provinzielles Tempo, Café am Vormittag, Wirtshaus am Abend; ich denke mir Draußen und Weite gern als die Verpackung um Hauswände, als zugige Langeweile zwischen Haus und Haus, Hotel und Kino, Buchladen und U-Bahnhof; der Mensch baut sich sein Haus, um sich vor der Welt und dem Wetter abzuschirmen; innen macht er sich seine eigene Wetterwelt... [22]

Während der Jahre in Sea View lebte das Paar beinahe in Armut (trotz der Tatsache, daß es eine Hausangestellte hatte), weil wirklich kein regelmäßiges Einkommen da war. *Letztes Jahr um diese Zeit*, schrieb Dylan, *führten Caitlin und ich einen Einakter im Dachstübchen auf. Diesmal sind wir ebenso arm oder noch ärmer; aber die Raben – weiche, weiße, alberne Raben – werden uns speisen!*

Während des Aufenthalts in Bishopston und der Zeit in Sea View wurde die Freundschaft mit Vernon Watkins aufgefrischt. Der etwa acht Jahre ältere Watkins war als Dichter schon hervorgetreten, ehe er Dylan kennenlernte, obgleich sein erstes Buch erst 1941 herauskam. 1935 hatte er, neunundzwanzigjährig, die *18 Poems* gelesen und daraufhin Dylan zu sich eingeladen. Während der darauffolgenden zehn Jahre war Vernon Watkins Dylans ständiger dichterischer Mentor. Wie die beiden sich gegenseitig in literarischen Fragen berieten, zeigt der Briefwechsel.[23] Draußen, wo Watkins wohnte, in Gower auf den herrlichen Klippen von Pennard, lasen sie einander ihre Gedichte vor. In der Zeit, als Dylan seine *Twenty-Five Poems* vorbereitete, trafen sie sich jeden Mittwoch im «Kardomah»-Café in Swansea zum Essen, zusammen mit Alfred Janes, Tom Warner, dem Schriftsteller John Prichard und einigen Journalisten. Dylan hörte Vernon Watkins' Ratschlägen genau zu und befolgte seine Abänderungsvorschläge auch – manchmal.

Twenty-Five Poems erschien im September 1936 bei J. M. Dent als fünfzehnter Band in der Reihe «New Poetry». In der Literaturbeilage der Londoner «Times» hieß es:

«Thomas' dichterische Sprache ist so persönlich, daß sie oft ebenso schwer zu übersetzen ist wie eine Fremdsprache ... Daß Thomas seinem Wesen nach Dichter ist, beweist sicherlich der Symbolcharakter seiner Sprache. Er spricht in ganz eigenen Bildern, doch sind sie so intensiv formuliert, daß wir erst dann beginnen, die dahinterstehende Erlebensweise zu begreifen, wenn wir aufgehört haben, sie uns verstandesmäßig erklären zu wollen.»[24]

Die bekannten und einflußreichen Kritiker zeigten sich bedeutend milder als Dylans eigener Freund Bernard Spencer, der in seiner Besprechung in «New Verse» schrieb, die Gedichte zerfielen in «Sinn-Gedichte» und «Unsinn-Gedichte»; erstere fand er, wenngleich zu literarisch und trotz der mehr schmückenden als erhellenden Bilder, gut; die zweite (größere) Gruppe sprach seiner Meinung nach «nur in der höchsten Lautstärke», war «zum Taumeln mit Bildern vollgepackt und voller Falltüren, das heißt privater Anspielungen». Seiner Meinung nach sollte man das Buch kaufen, weil der Verfasser gute Gedichte geschrieben hatte; er selbst aber fand nicht allzuviel daran zu empfehlen: «In einer Zeit, wo die Lyrik ein kleines Publikum und eine große Anzahl von Feinden hat, scheint mir ein solcher Stil nicht nur überflüssig, sondern direkt schädlich...» Eine solche Besprechung war zum Teil als Reaktion auf die Begeisterung derjenigen Kritiker zu verstehen, die sich über diesen Lyriker freuten, weil er weder im Stil Eliots noch im Stil Audens schrieb und daher den Neuankömmling übertrieben lobten.

Dylan und Caitlin

Während Dylan von vielen Seiten Kritiken erhielt, schrieb er selber auch Kritiken, doch Kritiken ganz anderer Art: seit 1935 hatte er «mystery thriller» für Grigson von der «Morning Post» besprochen, und zwar von September 1935 bis Februar 1936 47 Stück. Etwas später wandte er sich anderen Romanen zu und besprach bis Dezember 1939 für «New English Weekly» 28 Romane von Autoren wie Samuel Beckett, William Carlos Williams, J. P. Marquand, Kay Boyle, H. G. Wells, Rose Wilder Lane, John Dos Passos, Franz Kafka, Flann O'Brien, Ruthven Todd, Erskine Caldwell, Frederic Prokosch und Dorothy Parker.

Im Herbst des Jahres 1937 machte ein gewisser George Reavey Dylan den Vorschlag, in seinem Verlag Europa Press an die sechzehn Kurzgeschichten unter dem Titel *The Burning Baby* herauszubringen. Reavey hatte 1935 in Paris damit angefangen, zwei Bände eigener Lyrik und einen Band Samuel Beckett zu verlegen. 1936 erschien als sein erstes Verlagswerk in London «The Thorns of Thunder» von Paul Éluard. Der Vertrag für *The Burning Baby* wurde im Dezember 1937 abgeschlossen; Dylan erhielt 20 Pfund Tantiemen als Vorauszahlung. Aber Reavey hatte nicht mit dem zarten Gemüt der Londoner Druckerzunft gerechnet. Als diese entdeckte, daß die Titelerzählung eine Horrorphantasie über einen Priester war, der seine eigene Tochter verführt, die Geburt des Kindes abwartet und es dann verbrennt, widersetzte sie sich, obgleich die Story 1936 bereits ohne großes Aufsehen in der Zeitschrift «Contemporary Poetry and Prose» erschienen war. Auch eine zweite Druckerei erklärte den Text für ein zu heißes Eisen. Dem Verleger wurde bedeutet, er müsse «mit einer hohen Geldstrafe und mehreren Monaten Zuchthaus» rechnen, falls er die Geschichte herausbrächte. Dylan, der allmählich mit Reavey

Die Hauptstraße von Laugharne

Sea View, Laugharne

unzufrieden wurde, übergab die ganze Sache David Higham (von Pearn, Pollinger and Higham), der für den Rest seines Lebens sein Agent blieb. Higham zog das umstrittene *Baby* heraus und bewog Dent, sieben Geschichten zu übernehmen, die schließlich, zusammen mit sechzehn Gedichten und einem Porträt Dylans von Augustus John, unter dem Titel *The Map of Love* im August des Jahres 1939 erschienen.

Im Dezember 1938 waren die beiden Thomas von Sea View nach Ringwood zurückgekehrt, um die Ankunft ihres ersten Kindes zu erwarten. Dylan schrieb über dies Thema damals das *Poem in the Ninth Month* (später *A Saint About to Fall*), ebenso das Gedicht über Cwmdonkin Park *Once it was the Colour of Saying*. Caitlin war, wie er schrieb, *sehr stark und gesund und dick*, ihm ging es ähnlich. Immer wenn Caitlin sich zu ihrer täglichen Mittagsruhe niederlegte, folgte Dylan diesem Beispiel, wohlversorgt mit Säften und seiner Lieblingssorte Süßigkeiten, genannt «Dollie Mixture». Am Ende des neunten Monats hatten sowohl die werdende Mutter wie auch der Vater an Umfang beträchtlich zugenommen. Llewelyn Edouard Thomas wurde am 30. Januar 1939 im Cornelia-Krankenhaus zu Poole geboren.

Dylan war von dem Teil des New Forest, in dem sie wohnten, nicht sehr begeistert. Jedoch ermöglichte es ihm die Ruhe in Hampshire, zwei weitere Bücher vorzubereiten. Im Dezember 1939 brachte New Directions in Amerika *The World I Breathe* heraus. Der Band bestand aus 40 Gedichten, die aus den drei ersten in England veröffentlichten Bänden ausgewählt worden waren, und elf Stories (einschließlich des berüchtigten *Baby*), von denen bis dahin noch keine in Buchform in den USA erschienen war. Die Auflage betrug nur 700 Exemplare, so daß dieses Buch heute zu den rarsten Thomas-Ausgaben gehört. Im April 1940 kam *Portrait of the Artist as a Young Dog* heraus. Die meisten Kritiker bemerkten den stilistischen Unterschied zwischen diesen, deutlich mit James Joyces autobiographischen Erzählungen verwandten Stories und den surrealistischen Geschichten, die erst im Vorjahr in *The Map of Love* veröffentlicht worden waren. In einer Besprechung in «Life and Letters Today» hieß es:

«Falls Thomas diesen Klärungsprozeß durchhält, wird er seine Geschichten bald mit der raffinierten Schlichtheit eines Somerset Maugham erzählen.» [25]

Caitlin und Dylan am Kamin

Kriegsjahre

Der Ausbruch des Krieges im Jahre 1939 hatte Dylan tief erschüttert; einmal hatte er sogar versucht, verschiedene Schriftsteller für ein Anti-Kriegs-Manifest zu gewinnen, das er in einflußreichen Zeitschriften veröffentlichen wollte. Die Reaktion auf diesen Gedanken war sehr gering; Rayner Heppenstall schrieb ihm sogar, es sei vielleicht heute die Pflicht des Schriftstellers, sich der Wirklichkeit seiner Zeit in ihrer exstremsten Form auszusetzen. Dylan griff diese Äußerung scharf an und erwiderte:

Was die Pflicht eines Schriftstellers angeht, so kann man nur sagen, daß es seine Pflicht ist, zu schreiben. Wenn «sich der Wirklichkeit seiner Zeit in ihrer extremsten Form aussetzen» heißt, sich an einem Krieg beteiligen, gegen Leute, die man nicht kennt, und möglicherweise fallen oder verstümmelt werden, dann kann man nur ganz schnodderig sagen, daß die besten Gedichte über den Tod immer von lebenden Dichtern geschrieben worden sind, daß García Lorca nicht erst aufgespießt zu werden brauchte, um ein Stiergedicht zu schreiben, daß «sich der letzten Wirklichkeit der Armut aussetzen» für einen Schriftsteller bedeuten würde, daß er Hungers zu sterben hätte und damit als Schriftsteller nutzlos wäre...[26]

Im bitteren Gefühl der Unzulänglichkeit des Kriegs als eines Mittels, Probleme zu lösen, schrieb Dylan, es sei besser, *sich sein gutes Gehalt damit zu verdienen, daß man Nachrichten durcheinanderbringt, Meldungen zensiert, offizielle Briefmarken anleckt usw. als damit, für einen Shilling oder weniger pro Tag umzubringen oder sich umbringen zu lassen.* Später schrieb er an Bert Trick, wenn er auch als Richtschnur nur sein Empfinden habe, so sei das doch wenigstens seines, und nichts könne ihn dazu veranlassen, gegen Menschen zu wüten, mit denen er keinen Streit habe. Irgendwo müsse das Leben heute doch emsig und geduldig weitergehen, fern von Haß und Kleinlichkeit des Kriegs, wie sie von obenher befohlen würden, und diese Art Leben sei es, die er für seine Person weiterhin zu unterstützen gedenke, indem er so kühl, so heiß und so gut er könne schreibe und lebe.

Endlich beschloß Dylan, den Kriegsdienst zu verweigern. Er meldete sich beim Gericht in North Wells; vor ihm kamen eine Reihe von Fundamentalisten. Jeder einzelne wurde im Verhör nach den Gründen seiner

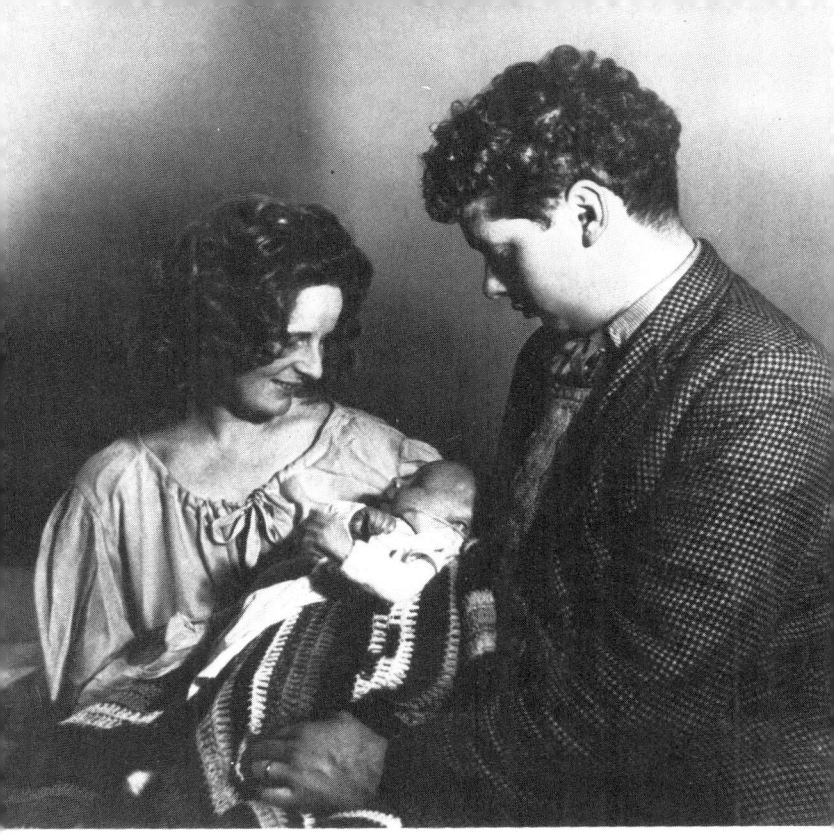

Llewelyn mit den Eltern

Weigerung befragt, und einer dieser wortkargen, rechtschaffenen walisischen Kirchgänger nach dem anderen murmelte zwischen den Zähnen: «Aus rilljösen Gründen.» Dylan, der die Leute beobachtete, erkannte, daß er nicht zu ihnen gehöre. Seine Motive waren anderer Art.

1940, gegen Ende April, erhielt Dylan den Musterungsbefehl. Gleichzeitig bedrückte ihn eine andere Sache: bis über die Ohren in Schulden, hatte er 70 Pfund aufzubringen, wenn seine und Caitlins Habseligkeiten nicht gepfändet und sie nicht aus ihrem Haus hinausgesetzt werden sollten. Er gab Stephen Spender eine verzweifelte Schilderung der Lage: Spender veranstaltete eine Sammlung für ihn, sorgte dafür, daß die Schulden bezahlt wurden und händigte dem dankbaren Dylan den Rest von 12 oder 13 Pfund aus. – Dylan gedachte nun, als Sanitäter einzurücken. Als er zur Musterung nach Llanelly einberufen wurde, hatte er sich schon längere Zeit durch immer ausschweifendere Trinkgelage darauf vorbereitet. Er erschien vor der Musterungskommission mit einem fürchterlichen Kater, übergab sich coram publico und wurde schließlich als akuter Asthmatiker eingestuft; man setzte ihn als letzten auf die Liste der Kriegsdiensttauglichen.

Trotz dieser Befreiung waren seine Lebensumstände nicht glücklich; er hatte nicht nur kein ausreichendes Einkommen, sondern war außerdem in Ringwood und in Laugharne «hoffnungslos verschuldet».

Malting House

Eine vorübergehende Erleichterung der Lage brachte die Einladung des Ehepaars John Davenport in ihr Haus in den Cotswolds, wo verschiedene Schriftsteller, bildende Künstler und Musiker gemeinsam lebten. Dylan, Caitlin und der Säugling Llewelyn bewohnten Malting House in Marshfield bei Chippenham (Wiltshire) von Juni 1940 bis Januar 1941, gleichzeitig mit Humphrey Searle, Henry Boys, den Komponisten Lennox Berkeley und Arnold Cooke und den Schriftstellern Antonia White und William Glock. Er arbeitete mit John Davenport zusammen an einem Kriminalroman «The Death of the King's Canary», dessen Kapitel sie abwechselnd verfaßten. Ursprünglich war ein solcher Roman Pamela Hansford Johnsons Idee gewesen. Er sollte von einem imaginären poeta laureatus handeln und, auf des Poeten Ehrensold anspielend, «No More Canary Wine» heißen. Der Titel wurde geändert, aber der Roman konnte nicht verlegt werden, weil verschiedene bekannte Leute angeblich darin verleumdet wurden; er handelt vom Tod eines Hofdichters und den Problemen, die durch die Wahl seines Nachfolgers entstehen. Alle in Frage kommenden Kandidaten lehnen das Amt ab, bis schließlich der trinkfeste Anarchist, verlockt durch das als Honorar ausgesetzte Stückfaß Malvasier («canary wine»), annimmt. Beim Festbankett werden Parodien auf die Werke aller möglichen Schriftsteller vorgetragen; hiervon erschien nur Dylans Empson-Parodie im Juli 1942 in «Horizon».

Das Erscheinen von *Portrait of the Artist as a Young Dog* im Frühling 1940 hatte Dylans Namen allmählich bekannter gemacht, so daß er im Spätsommer eine Anstellung bei der BBC erhielt; er schrieb Funkmanuskripte, die ins Portugiesische übersetzt und in Brasilien gesendet wurden. Die Arbeit macht ihm Freude. Seine Gedichtproduktion aber wurde immer spärlicher.

Dokumentarfilme

Bei einem seiner Abstecher von Malting House nach London hatte Dylan zufällig den Angloamerikaner Ivan Moffat, einen jungen Drehbuchschriftsteller, kennengelernt, der ihn seinem Arbeitgeber Donald Taylor vorstellte. Taylor, der Dylans Arbeiten schon aus *Twenty-Five Poems* kannte, faßte sofort eine Zuneigung zu Dylan, die gegenseitig war – und blieb. Dylan bekam eine Stellung in seiner Firma Strand Films of Golden Square und fing an, Kurzfilmdrehbücher zu schreiben. Caitlin und er zogen in den vier Jahren, die er beim Film war, mehrfach um. Die Strand Films beschäftigte nicht die üblichen «Filmautoren», sondern arbeitete bewußt mit guten Schriftstellern zusammen; Filmerfahrung war nicht unbedingt erforderlich. Zu ihren ersten Autoren gehörten Graham Greene und Philip Lindsay; Taylor war begeistert, nun Dylan Thomas zu «entdecken». Da die Arbeit innerhalb eines Schriftstellerteams vor sich ging, ist der Anteil Dylans an den Kulturfilmen schwer auszumachen, etwa an «This is Colour», gedreht für die Imperial Chemical Industries, oder «C. E. M. A.» (Council for the Encouragement of Music and Art), gedreht für das Informationsministerium.

Verschiedene Kulturfilme von jeweils fünf oder zwölf Minuten Dauer schrieb Dylan aber auch fast oder ganz allein: *New Towns for Old* (Juni 1942), «Balloon Site 568» mit Ivan Moffat (Juli 1942), *Wales* (Dezember 1942), «These Are the Men» mit Alan Osbiston (März 1943) und vor allem *Our Country*, einen 1944 hergestellten Fünfzig-Minuten-Film. Dieser sein längster Streifen erregte in Filmkreisen beträchtliches Aufsehen. «The Documentary News Letter» druckte dazu drei verschiedene Kommentare ab, dazu eine ganze Seite mit Auszügen aus dem begleitenden poetischen Text. Dieser lyrische Film über England im Krieg ist in der Hauptsache dem Regisseur John Eldridge zu verdanken, daneben aber der intensiven Mitarbeit des Drehbuch-Dichters und des Komponisten William Alwyn. «News Letter» nannte ihn «den einzigen und gelungenen experimentellen Film der Kriegsjahre». Der lyrisch und impressionistisch aufgefaßte Streifen zeigt einen Matrosen, der England durchreist, von den Schiffen in Liverpool über die Flugplätze Kents und die Bergbaugebiete in den Tälern von Südwales bis zu den Holzfällerlagern in Schottland. Die propagandistische Arbeit dokumentiert den britischen Charakter mit Liebe und Verständnis und enthält kurze lyrische Passagen, zum Beispiel über Holzfällen, die St. Pauls-Kathedrale, Glasgow, Aberdeen und London. Der Film fand keine ungeteilte Anerkennung; manche Kritiker hielten den dichterischen Begleittext für überflüssig. Die meisten aber fanden ihn wichtig und gut. Er war in dem für Dylan typischen Stil geschrieben, der an einen anfahrenden Zug erinnert:

> Going out
> out over the racing rails in a grumble of London-leaving thunder
> over the maze track of metal
> through a wink and a spin of towns and signals and fields
> out
> to the edges of the explosive the moon-moved man-indifferent cap-
> sizing sea.[27]

> [Beim Hinausfahren
> hinaus auf den eilenden Schienen im Grummeln eines London ver-
> lassenden Donners
> über den Irrgarten der Metallspuren
> zwischen huschenden rasenden Städten und Signalen und Feldern
> hinaus
> bis zu den Rändern der vom Mond bewegten gleichgültigen schiffe-
> verschlingenden See.]

Ein parodistischer Film von Dylan mit Oswald Mitchell als Regisseur, ausgehend von dem Kriegsplakat «Is Your Journey Really Necessary?» [Ist Ihre Reise unbedingt notwendig?] und betitelt *Is Your Ernie Really Necessary?* wurde von dem schockierten Informationsministerium nie freigegeben.

Dylans feste Anstellung bei Donald Taylor war im rechten Augenblick gekommen, denn am 3. März 1943 wurde ihm in London eine Tochter geboren, Aeron; nun hatte er für eine vierköpfige Familie zu sorgen. Seine Firma stellte zur Zeit ihrer stärksten Beschäftigung um 75 Filme jährlich her: sie schlug Regierungsstellen und Industrie Ideen vor und drehte die Filme dann unter Vertrag.

Ende 9143 löste Taylor die Firma Strand Films auf und gründete mit einer kleinen Angestelltenzahl die Firma Gryphon Films, für die Dylan bis 1944 tätig blieb. Taylor, der Spielfilme drehen wollte, beauftragte ihn, ein «Leben des Robert Burns» nach der Biographie von Catherine Carswell zu schreiben (das Drehbuch ist nicht mehr vorhanden), außerdem *The Doctor and the Devils*, inzwischen als Bühnenstück aufgeführt, und «Twenty Years A-Growing» nach Maurice O'Sullivans idyllischer Erzählung von der Kindheit eines Jungen auf den Blasket-Inseln vor der Küste von Kerry. Keiner dieser Spielfilme wurde gedreht.

Dylan, dem es lag, sich chamäleonartig verschiedenen Lagen anzupassen und in verschiedene Rollen zu schlüpfen, fühlte sich in der Gesellschaft von Filmleuten besonders wohl. Wie Donald Taylor berichtet, verabredeten Dylan und er sich häufig, bevor sie in ein Lokal gingen, irgendeine Rolle zu spielen; vielleicht ist das eine Erklärung für die etwas widerspruchsvollen Erinnerungen Dylans. Dylan gab am liebsten den walisischen Landedelmann; er kleidete sich in rauhen Tweed, nahm einen Knotenstock in die Hand und sprach mit seinem allerbesten Sonntagsakzent. Oder aber er mimte den Rundfunkspieler und Lyriksprecher, dies in einem hellgrauen Anzug aus glattem Tweed. Die Rolle des betrunkenen walisischen Dichters mit «Zigarettenstummel im Mundwinkel und schmuddeligem Regenmantel und Rollkragenpullover» wurde manchmal eine ganze Woche lang oder länger durchgehalten. Der «Gargoyle Club», wo er zuweilen an Drehbüchern arbeitete, erlebte eine ganze Abfolge verschiedener Dylans.

1945 lebten die beiden Thomas mit ihren Kindern in Wales in der Stadt New Quay – dem Schauplatz des Hörbilds *Quite Early One Morning*, aus dem später *Under Milk Wood* wurde. Als der dafür vorgesehene Regisseur John Eldridge und seine Sekretärin Fanya Fisher bei Dylan waren, um mit ihm zu arbeiten, gab es einmal einen unangenehmen antisemitischen Vorfall, Miss Fishers wegen, bei dem ein betrunkener Captain sogar in Dylans Bungalow eindrang und eine Maschinengewehrsalve an die Decke feuerte. Die Sache verlief im Sande. Im übrigen war das Leben hier nicht übel. Dylan arbeitete in seiner Holzhütte unter Kindergeschrei *wie ein bösartiger Biber in einem Papageienhaus*[28].

Zu Anfang seiner Tätigkeit hatte Dylan von Taylor 10 Pfund wöchentlich bezogen; als er wegging, verdiente er 20 Pfund – eine für einen Filmautor damals nicht unbeträchtliche Summe. Caitlin Thomas hat gelegentlich behauptet, das regelmäßige Gehalt habe Dylans Begabung zerstört, das Gefühl der Sicherheit seinen lyrischen Fähigkeiten Abbruch getan. Die Wahrheit ist, daß Dylans angeborener Anarchismus schon immer mit seiner großen Sehnsucht nach einem regelmäßigen Einkommen im Kampf gelegen hatte. Der spätere Geldmangel hatte lediglich eine noch tiefere Verzweiflung zur Folge, nicht aber eine Erhöhung seiner dichterischen Schaffenskraft. Tatsächlich vollendete Dylan gerade im Jahre 1944, als er noch bei Donald Taylor arbeitete, eines seiner späterhin bekanntesten Werke, das zweite von zwei Gedichten mit dem Titel *Poem in October*. Es war wohl in Laugharne angeregt worden, als er und seine Frau in Sea View lebten. Ein Lieblingsgedicht Dylans, das in vielen Sprachen übersetzt wurde. Es ist in metrischer Hinsicht besonders interessant, zeigt es doch besser als jedes andere Gedicht Dylans Methode, die Länge der Verse zu regeln; dies geschieht nämlich nicht durch den Gebrauch traditioneller Metren, sondern durch die für jeden Vers innerhalb der Strophe gleichbleibende Silbenzahl.[29] Im vorliegenden Fall zählt jede Strophe zehn Verse. Die Verse folgen dem Modell: 9, 12, 9, 3, 5, 12, 12, 5, 3, 9 Silben.

Poem in October

It was my thirtieth year to heaven
Woke to my hearing from harbour and neighbour wood
    And the mussel pooled and the heron
        Priested shore
        The morning beckon
With water praying and call of seagull and rook
And the knock of sailing boats on the net webbed wall
        Myself to set foot
        That second
In the still sleeping town and set forth.

My birthday began with the water-
Birds and the birds of the winged trees flying my name
    Above the farms and the white horses
        And I rose
        In rainy autumn
And walked abroad in a shower of all my days.
High tide and the heron dived when I took the road
        Over the border
        And the gates
Of the town closed as the town awoke.

A springful of larks in a rolling
Cloud and the roadside bushes brimming with whistling
    Blackbirds and the sun of October
        Summery
        On the hill's shoulder,
Here were fond climates and sweet singers suddenly
Come in the morning where I wandered and listened
        To the rain wringing
        Wind blow cold
In the wood faraway under me.

Pale rain over the dwindling harbour
And over the sea wet church the size of a snail
    With its horns through mist and the castle
        Brown as owls
        But all the gardens
Of spring and summer were blooming in the tall tales
Beyond the border and under the lark full cloud.

«On the hill's shoulder . . . the wood faraway under me» (Aus: «Poem in October»)

> *There could I marvel*
>   *My birthday*
> *Away but the weather turned around.*
>
> *It turned away from the blithe country*
> *And down the other air and the blue altered sky*
>   *Streamed again a wonder of summer*
>   *With apples*
>   *Pears and red currants*
> *And I saw in the turning so clearly a child's*
> *Forgotten mornings when he walked with his mother*
>   *Through the parables*
>   *Of sun light*
> *And the legends of the green chapels*
>
>   *And the twice told fields of infancy*
> *Thas his tears burned my cheeks and his heart moved in mine.*
> *These were the woods the river and sea*

Where a boy
In the listening
Summertime of the dead whispered the truth of his joy
To the trees and the stones and the fish in the tide.
And the mystery
Sang alive
Still in the water and singingbirds.

And there could I marvel my birthday
Away but the weather turned around. And the true
Joy of the long dead child sang burning
In the sun.
It was my thirtieth
Year to heaven stood there then in the summer noon
Though the town below lay leaved with October blood.
O may my heart's truth
Still be sung
On this high hill in a year's turning.

Gedicht im Oktober

Es war mein dreißigstes Jahr gen Himmel
Das wachte auf als ich hörte vom Hafen und Nachbarwald
Und vom muschelgeteichten und reiher-
Gepriesterten Strand
Des Morgens Locken
Mit Gebeten des Wassers und Rufen der Seemöwe und der Krähe
Und dem Pochen von Segelbooten an die netze-verfitzte Wand
Daß ich gehe
Ohne zu stocken
Durch die noch schlafende Stadt hinaus ins Land.

Mein Geburtstag fing an mit den Wasser-
Vögeln und Vögeln geflügelter Bäume die flogen meinen Namen
Über den Bauernhöfen und über den weißen Rossen
Und ich stand auf
Im Regenherbst
Ung ging hinaus in einen Schauer all meiner Tage.
Flut wars und der Reiher tauchte als ich den Weg nahm
Über die Grenze
Und die Tore
Der Stadt beim Erwachen der Stadt sich schlossen.

Ein Frühling voll Lerchen in einer kollernden
Wolke und Straßenrandsträucher wimmelnd von singenden
Amseln und die Oktobersonne

Dylan Thomas. Gemälde von Augustus John

Sommerlich
Auf des Hügels Kuppe,
Da waren linde Lüfte und süße Sänger mit einem Mal
Gekommen am Morgen durch den ich ging und lauschte
Dem regenauswindenden
Wind der blies kalt
Im Wald tief unter mir im Tal.

Fahler Regen über dem schwindenden Hafen
Und über der seenassen Kirche schneckenklein
Mit ihren Hörnern im Dunst und über dem Schloß
Eulenbraun:
Doch alle Gärten

Des Frühlings und Sommers blühten in großen Sagen
Jenseits der Grenze und unter der Wolke voll Lerchen.
  Dort konnt ich mit Staunen
    Meinen Geburtstag
  Vertun – doch das Wetter wendete sich um.

  Es wendete sich ab von dem heiteren Lande
Und die andere Luft und den blauen veränderten Himmel entlang
  Strömte es wieder als Wunder von Sommer
    Voll Äpfel
    Birnen und roten Beeren
Und in der Wendung sah ich so deutlich eines Kindes
Vergessene Morgen als es mit der Mutter den Gang
    Durch die Parabeln
    Des Sonnenscheins ging
  Und durch die Legenden der grünen Kapellen

  Und durch die zweimal erzählten Felder der Kindheit daß seine Tränen
Meine Wangen brannten und sein Herz in meinem sich regte.
  Das waren die Wälder der Fluß und die See
    Wo ein Knabe
    Im horchenden
Sommer der Toten die Wahrheit von seiner Freude sagte
Flüsternd den Bäumen und Steinen und Fischen in der Flut.
    Und das Geheimnis
    Lebte und klang
  Noch immer weiter in Wasser und Singvogelsang.

  Und dort konnte ich meinen Geburtstag
Verstaunen. Aber das Wetter wendete sich und die wahre
Freude des lange toten Kindes sang brennend klar
    In der Sonne.
    Es war mein dreißigstes
Jahr gen Himmel das dort stand im Sommermittag
Ob auch unten die Stadt belaubt voll Oktoberblut lag.
    O daß meines Herzens Wahrheit
    Gesungen werden mag
  Auf diesem hohen Hügel auch noch in einem Jahr.

(Übersetzt von Erich Fried)

Das Handwerk

Wenige Lyriker haben der Gestalt des Gedichts soviel Sorgfalt zugewandt wie Dylan Thomas. In langwieriger, unendlich mühsamer Arbeit erprobte er den einzelnen Satz, ihn wohl hundertmal umformend, ehe er sich zufriedengab. Oftmals benutzte er für jeden Vers einen besonderen Arbeitsbogen, manchmal verbrauchte er viele Bögen, um nur einen Vers zu vollenden; so entstand allmählich das Gedicht. Ein Vers konnte ihn tagelang beschäftigen. Im allgemeinen hatte er bei der ersten Niederschrift eine ungefähre Vorstellung von der Länge des ganzen Gedichts; dann bestimmte er, wie viele Zeilen jede Strophe haben sollte. Wenn die Erstfassung des Gedichts vollständig dastand, fing die Arbeit erst an. Nach jeder Änderung im Text wurde das ganze Gedicht mit der Hand abgeschrieben und von neuem begonnen. Er verabscheute Schreibmaschinen; wenn nötig, ließ er sich Maschinenabschriften anfertigen. Dylan schrieb einmal an Pamela Hansford Johnson, die herzlichsten Worte wirkten in Maschinenschrift kalt. Seine technische Vielseitigkeit zeigt Dylan in *I, in my Intricate Image*, einem Gedicht, dessen Vers-Endungen 72 Variationen über den Buchstaben «l» enthalten – 24 in jedem seiner drei Teile.

Das vielleicht großartigste Beispiel Thomasscher Gestaltungskunst stellt das Reimschema der Einführung zu den *Collected Poems* dar; die Reimfolge der ersten Hälfte des 102 Verse umfassenden Gedichts spiegelt die der zweiten Hälfte: es reimen sich der erste und der letzte, der zweite und der vorletzte Vers und so weiter. So sehr Dylan Bier liebte, setzte er sich doch nachmittags – wenn er am besten arbeiten konnte – nie anders als mit klarem Kopf an den Schreibtisch, wo er Experiment um Experiment mit Klang, Rhythmus und Gedanken anstellte. Auf dem Boden sammelten sich die Zettelröllchen mit ausgeschiedenen Fassungen in Dylans sorgsamer Handschrift, bis er nach Tagen und Wochen, ja in vielen Fällen nach Jahren der Prüfung endlich ein Gedicht zur Veröffentlichung freigab.

Als im Jahre 1945 die Arbeit für Donald Taylor rarer wurde, erlebte Dylan eine Zeit gesteigerten Schaffens. Er schrieb die Gedichte, die am 7. Februar 1946 in *Deaths and Entrances* erschienen. Der Band machte seinen Namen auf einen Schlag weiteren Kreisen bekannt. Er gab zu Werkkritiken Anlaß wie der von Denis Botterill in «Life and Letters»:

«Selten werden die, die einen jungen Dichter früh gefördert haben,

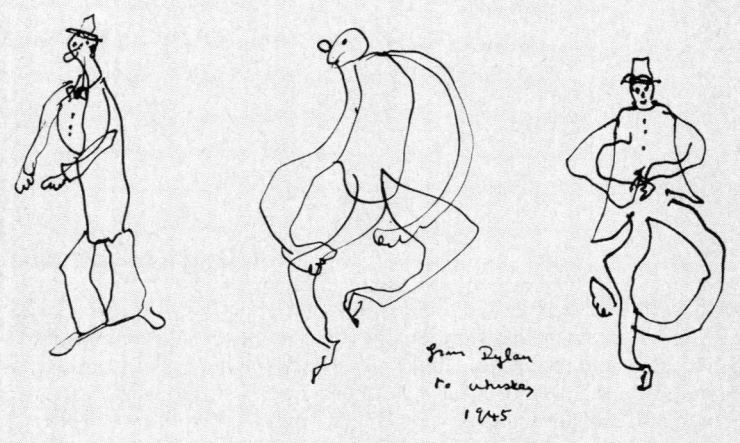

Karikaturen, von Dylan gezeichnet

später so überwältigend bestätigt wie wir, die wir vor über zehn Jahren den Mut hatten, Dylan Thomas den Rücken zu stärken... Bei Dylan Thomas quillt die Dichtung so mächtig und rückhaltlos aus den Ursprüngen seines Wesens empor, daß man von Lässigkeit sprechen könnte, würde sie nicht gelenkt durch eine großartige Beherrschung der Form, die niemals nachläßt, niemals ein Abrutschen in Rhetorik, in Schwulst oder Pathos erlaubt.»

Das Leben war schön im Sommer und im Herbst 1946. Der Krieg war zu Ende; obgleich weiterhin überall Kargheit herrschte, erlebte die Familie Thomas auf einer Reise nach Dublin und Kerry friedensmäßige Zustände. *Wir aßen uns krank: Hummern, Steaks, Sahne, Berge von Butter, hausgemachtes Brot, Hühnchen und Süßigkeiten; wir tranken eimerweise Portwein und Guinness-Bier; wir wanderten, kletterten, ritten auf Eseln, badeten, segelten, ruderten, tanzten und sangen.*[31] Im folgenden November erschienen Dylans *Selected Writings*, von ihm selbst zusammengestellt, bei James Laughlin und bereiteten seinem Ruhm in Amerika den Weg.

Beim Funk

Auf die Kurzfilmzeit folgte eine Zeit der freien Mitarbeit bei der BBC. Schon früh – 1934 – waren zwei Gedichte Dylans im «Listener» abgedruckt worden. Dylans erster Vortrag für den Funk, *Das Leben und der moderne Dichter*, wurde am 21. April 1937 in Swansea gesendet. Von da an bis an sein Lebensende schrieb und sprach Dylan ständig für den Rundfunk. In den drei Jahren von Oktober 1945 bis 1948 gestaltete er über hundert Sendungen, die meisten davon in der Reihe «Book of Verse», die von John Arlott für das Überseeprogramm gemacht wurde. Arlott schreibt darüber:

«Ich arbeitete zwischen 1945 und 1950 ungefähr zwanzig- oder dreißigmal pro Jahr mit ihm zusammen, an literarischen Programmen jeder Art. Er war immer aufgeschlossen für alles Neue – er selbst nannte es ‹ungezwungen›. Weil er Gedichte so tief erfaßte – er rühmte sich dessen nie – und völlig unbestechlich war, wurde er für mich als Leiter der Sendung ein idealer Prüfstein. Bei dem Gewicht, das er jedem Wort, jedem Gedanken, jeder Zeile durch seinen Vortrag gab, mußte ein Gedicht schon gedanklich und strukturell recht stark sein, wenn er es lesen sollte... Als einmal in einem Programm ein Gedichtzitat von Sir Lewis Morris vorkam, war Dylan dagegen, es selbst zu lesen; er hielt es für besser, wenn ein Sprecher, der über mehr Leichtigkeit verfügte, ‹schnell darüber hinweghuschte›. Er stimmte dann aber doch einem Versuch zu und verfiel gleich bei der ersten Lesung in einen ziemlich ausgeprägten walisischen Akzent, wodurch das Gedicht besser wirkte, als wir es für möglich gehalten hätten; Morris, ebenfalls Waliser, hatte es in einem an die walisische Sprechweise angelehnten Rhythmus geschrieben, der dem Auge des Lesers nicht ohne weiteres erkennbar gewesen war.»[32]

Unter den vielen Funkleuten, für die er im Laufe der Zeit tätig wurde, war er Louis MacNeice am meisten zugetan. Der Ire war nicht nur ein ebenbürtiger Zechkumpan, sondern auch ein erfahrener und lesenswerter Lyriker, auf dessen Rat Dylan etwas gab. Als MacNeice das «Satyricon» des Petronius als «Trimalchio's Feast» für den Funk bearbeitete und aufführte, wirkte Dylan als Sprecher mit. (Ebenso hatte er die Titelrolle in Aischylos' «Agamemnon», verschiedene Rollen in Shakespeare-Stücken sowie den Satan in einer Bearbeitung des «Verlorenen Paradieses»

Vernon Watkins,
John Prichard,
Alfred Janes,
John Griffiths,
Dan Jones,
Dylan Thomas
am 24. Oktober 1949

gesprochen.) MacNeice schilderte Dylans Arbeit als Funksprecher vom
Standpunkt des Sendeleiters aus folgendermaßen:

«Er war... ein feinfühliger und vielseitiger Schauspieler, was er wieder-
holt bei der Mitwirkung an Hörspielen bewies... Obgleich seine beson-
dere Neigung auf Grund seiner erstaunlichen stimmlichen Mittel natürlich
dem Volltönenden, Gefühlvollen galt, spielte er auch gern Charakter-
rollen, besonders komische oder groteske, zum Beispiel einen freund-
lichen Raben in der Funkbearbeitung eines norwegischen Märchens.
Wenn nötig, konnte er sogar leicht über eine Stelle hinweggehen. Bei all

diesen Nebenbeschäftigungen wurde – ebenso wie in seiner Lyrik und Prosa – die gleiche typische Haltung sichtbar: Freude an dem, was er tat, und Sorgfalt in der Art, wie er es tat.»[33]

Als die BBC ihr Drittes Programm aufzog, wurde die Literaturabteilung von Roy Campbell übernommen, der viele Gelegenheiten fand, Dylan heranzuziehen:

«Dylan war», schreibt Campbell, «der vielseitigste Gedichtsprecher, den ich je beschäftigt habe... er hatte nur eine Schwäche: klassische Dichter wie Pope oder Dryden konnte er nicht lesen. Seine Stärke waren

Dylan. Zeichnung von Michael Ayrton

die ‹wilden Männer› unter den Lyrikern. Ich setzte ihn immer den ganzen Tag nur auf Bier, bis sein Abendprogramm stand, dann erst ging ich mit ihm nach unten ... wo die reizende Miss Backhouse oder Miss Tofield uns beiden als Belohnung für die harte Arbeit einen dreifachen Whisky eingossen. Bei Blake und Manley Hopkins war Dylan beinahe übermenschlich, aber bei Dryden ging es schief. Dylan war als erstes über den Whisky hergefallen und fing nun an, sich wie eine Primadonna zu benehmen. Er wollte partout einen Ansager haben, anstatt gleich mit dem Programm anzufangen, wie es bei uns im Dritten Programm üblich war. Uns blieben bloß noch zwei Minuten. Ich raste in den Aufnahmeraum zurück und fand Dylan schnarchend vor dem Mikrofon. Inzwischen hatten wir nur noch zwanzig Sekunden Zeit. Dylan lag in seinem Stuhl, auf dem Gesicht einen geradezu engelhaften Ausdruck seligsten Friedens. Ich schüttelte ihn wach und fing zu seinem Entsetzen und seiner Verblüffung an, ihn anzusagen, und zwar nicht etwa mit meiner natürlichen südafrikanischen Aussprache, sondern möglichst wie ein englischer Ansager mit einem ‹Oxford-Akzent›. Dylan fuhr vor Furcht und Schrecken fast aus der Haut. Er war schon beinahe nüchtern, als das grüne Licht für ihn aufleuchtete, obwohl er den Titel noch als ‹Ode auf den Tag der heiligen Schäschilie› verhunzte. Von da an wurde seine Stimme klarer, und ich atmete schon auf. Als er mit der Ode fertig war, durchfuhr mich ein neuer Schreck: Dylan fuchtelte wild mit den Armen umher und zeigte auf die aufgeschlagene Seite. Ich bat den Techniker, das Mikrofon abzuschalten, und eilte noch mal in den Aufnahmeraum. Dylan hatte vergessen, wie man ‹Religio Laici› ausspricht. Ich sprach es ihm vor und huschte wieder hinaus. Er setzte ungefähr dreimal an, versprach sich, resignierte schließlich und las weiter. Am folgenden Tag brachte man mich vor den Thron von George Barnes, der aber ein guter Chef war und viel Sinn für Humor hatte. Ich versprach, auf Dylan aufzupassen, Dylan versprach, auf sich selber aufzupassen; und er hielt Wort. Ich zog ihn noch zu allen möglichen Lesungen heran; einmal trug er Cervantes' ‹Zwei Hunde› ganz herrlich vor, und viele andere Gedichtlesungen. Sein Vortrag war von Stund an tadellos.»[34]

Dylans eigene Funkarbeiten wurden größtenteils für den Sender Wales (Welsh Home Service) geschrieben. Besonders erfolgreich waren hier die autobiographischen Berichte *Memories of Christmas* und *Return Journey*; ersteres kam später zusammen mit dem Artikel *Conversation about Christmas* unter dem heute berühmten Titel *A Child's Christmas in Wales* heraus. Sicherlich Dylans beliebteste Hörfunkarbeit war *Return Journey*, sein Bericht über einen Nachkriegsbesuch in Swansea. Er beschreibt, welche Verwüstungen die Luftangriffe dreier aufeinanderfolgender Nächte im Zentrum von Swansea anrichteten und verknüpft damit eine eindringliche Schilderung von sich selbst als Reporter, dann als Schüler, zuletzt als Kind. Acht solcher autobiographischer Radio-Essays wurden zusammen mit anderen, konventionelleren Literaturkritiken und Reportagen 1954 vom Leiter des walisischen Regionalsenders der BBC, Aneirin Talfan Davies, unter dem Titel *Quite Early One Morning* herausgegeben.

Bohème

In Dylan kämpfte zeit seines Lebens der bequeme Bohemien mit dem pflicht- und verantwortungsbewußten Sohn und Vater. Einmal schrieb Dylan: *Ich war schon in London, in Armut und in Zweifel; in London, weil London eine reiche Stadt ist, wo das Geld auf der Straße liegt; in Armut, weil das nicht stimmt; und ich war im Zweifel, ob ich als Außenseiter der Gesellschaft weiterleben oder die Schritte meines Schicksals auf gerade*

Wege lenken sollte, wo die Bäume steife schwarze Hüte tragen. Außenseiter sind doch erstaunlich eingebildete Leute. Sie meinen, sie könnten zur guten Gesellschaft hinzustoßen, wo Ordnung und Anstand herrscht, wann immer es ihnen einfällt. [35]

Im Jahre 1946 und auch später im Leben hatte Dylan immer ein gutes Einkommen; jedoch der Leichtsinn der Eheleute war so groß, daß – ganz gleich, wieviel Geld ihnen zur Verfügung stand – niemals genug für das Nötigste des täglichen Lebens übrigblieb. Den Bohemien Dylan zeigt die Zeichnung von Michael Ayrton, die Dylan als das ewig verlotterte Kind zeigt. Caitlin hat einmal gesagt: «Wir ermangelten beide vollkommen der hohen Tugend des Maßhaltens; bei einem war das schlimm genug; daß sie aber beiden fehlte, war ein Verhängnis.» [36]

Das Unbändige in Caitlins Wesen geht deutlich aus ihrem Buch «Leftover Life to Kill» hervor, dem das Zitat entnommen ist. Weder Dylan noch Caitlin waren, trotz ihrer Sehnsucht danach, fähig, das langweilige Leben guter Bürger zu führen.

In Italien

Der Frühling des Jahres 1947 war eine Zeit freudiger Erwartung. Die ganze Familie, dazu Caitlins Schwester Brigit Marnier mit ihrem zweijährigen Sohn Tobias, wollte nach Italien. Mit Hilfe von Bekannten war arrangiert worden, daß man ein herrlich an einem Hang gelegenes Haus mit großartigem, säulenumgebenem Schwimmbassin bewohnen konnte, die Villa di Beccaro in Mosciano in dem florentinischen Vorort Sandicci. In der ersten Aprilwoche machte sich die aus drei Erwachsenen und drei Kindern bestehende Reisegesellschaft auf den Weg. Unterwegs blieb man drei Wochen in Santa Margherita an der italienischen Riviera; dann ging es weiter nach Florenz.

Dylan fand sofort Zugang zu den Kreisen der Florentiner Literaten; Luigi Berti hatte gerade im «Inventario» Übersetzungen seiner Gedichte veröffentlicht. Durch Berti und dank günstiger kritischer Notizen in «Boccaporto» und «Boccaporto Secondo» lernte Dylan Künstler und Schriftsteller kennen, darunter Mario Luzi, Piero Bigongiari, Eugenio Montale, Alessandro Parronchi, den Maler Ottone Rosai und andere. Leider machten aber die Verständigungsschwierigkeiten jeden echten Gedankenaustausch unmöglich: keiner der Engländer verstand Italienisch und von den Italienern sprachen nur wenige Englisch. Dylan und die beiden Frauen fühlten sich isoliert und einsam. Einem Bekannten schrieb Dylan: *Um die Sprache zu überbrücken, muß ich auf dem Kopf stehen, ins Becken fallen, Nüsse mit den Zähnen aufknacken und als Tarzan durch die Zypressen hüpfen. Ich bin auf italienisch sehr witzig, wenn auch ein wenig gewalttätig; ich brauche viel Platz dazu. Kennst*

Du in Florenz niemand Netten, mit dem man mal einen trinken gehen könnte?[37]

So war die Stimmung während des Aufenthalts in Florenz, von dem man sich soviel versprochen hatte, im großen und ganzen gedrückt. Es gab zwar Tage der Fröhlichkeit, zum Beispiel einen von Dylan veranstalteten Ausflug aufs Land, bei dem die sechsköpfige Familie sich vollzählig in einen Pferdewagen zwängte und vergnügt durch die Hügel der Toskana rollte. Auch gab es Zeiten harmonischer Gemeinsamkeit – aber diese Augenblicke bildeten die Ausnahme. Dylan war in Florenz sicherlich nicht glücklich. Mario Luzi schreibt:

«Trotz seines Trinkens und seiner mangelnden Mitteilungsfreudigkeit oder -fähigkeit lebt sein Mythos. Diese Züge flossen zu einem Eindruck von Unerreichbarkeit ineinander, der, so seltsam es erscheinen mag, Zuneigung erregte und Achtung gebot. Selbst wer wenig oder nichts von ihm wußte, spürte deutlich, daß das Schicksal oder ein verhängnisvolles Zusammenwirken von Naturkräften bei ihm am Werke war. Überdies fühlte und erwiderte er die Sympathie, die ihn umgab, so gut er konnte, zum Beispiel bei einer angeregten Gesellschaft im Haus Parronchis, als er plötzlich lebhaft wurde und Milton und Shakespeare vorlas; sein melodischer, in die Tiefe dringender und außergewöhnlich kraftvoller Vortrag hinterließ tiefen Eindruck, als habe man die alten Texte ebenso wie den Lesenden neu entdeckt.»[38]

Dylan hatte einfach Heimweh nach seinen Leuten. Regelmäßig schloß er sich ein, um zu arbeiten. Hier, in der schöngelegenen Hang-Villa mit dem Ausblick über die frühlingsgrünen Toskaner Berge, vollendete er das Gedicht *In Country Sleep* – die Verse, die als Wiegenlied für die Tochter beginnen und als Prophezeiung enden: *And you shall wake, from country sleep, this dawn and each first dawn, / Your faith as deathless as the outcry of the ruled sun.* Es blieb der einzige dichterische Ertrag dieses Aufenthalts. Ohne großes Bedauern brach man im August die Zelte ab und übersiedelte nach Elba.

Dylan war hier glücklicher. Er hatte die Einheimischen gern. Die Familie ging täglich an den Strand; man lebte am und im Wasser. Dylan mit seinem rosa Hemd und seiner grünen Hose war eine stadtbekannte und von allen verehrte Erscheinung.

Leider wurde Dylans Tendenz zur Selbstzerstörung, die schon während seines ersten Londoner Jahres hervorgetreten war, mit der Zeit immer stärker, je deutlicher er sich bewußt wurde, daß seine Gemüts- und Geisteskräfte ständig überfordert wurden. Die düstere Stimmung der italienischen Reise war nur der Beginn zunehmender und anhaltender Anwandlungen von Verzweiflung. Geld half jeweils eine Zeitlang; das Trinken aber wurde zum einzigen regelmäßig angewandten Gegenmittel. Diesen Ausweg beschritt er von nun an bis zum Ende seines Lebens häufiger und häufiger.

In Oxfordshire

Nach der Rückkehr aus Italien konnte die Familie Thomas sich dank der Großzügigkeit von Margaret Taylor in Oxfordshire niederlassen. Dylan hatte Professor A. J. P. Taylor und seine Gattin Margaret 1935 kennengelernt und war damals einen Monat in ihrem Haus bei Manchester zu Gast gewesen. In den ersten Kriegsjahren verlebten Dylan und Caitlin ein Weihnachtsfest mit ihnen in Oxford; auch danach sah man sich von Zeit zu Zeit. Im September 1946 tauchten die beiden Thomas in großer Bedrängnis bei Taylors auf: Dylan hatte sich einen Arm gebrochen, aus ihrer Wohnung in Chelsea waren sie herausgesetzt worden. Die Taylors nahmen sie auf; ihre Gäste verbrachten den Winter im Gartenhäuschen Holywell Ford im Magdalen College. Da das Häuschen zu voll war, besorgte Mrs. Taylor, die Dylan besonders gern mochte, einen Wohnwagenanhänger, damit Dylan einen Arbeitsplatz hatte. Im September 1947 kaufte sie ein baufälliges altes Haus in South Leigh in Oxfordshire namens Manor House, ein feuchtes Gebäude mit schadhaftem Dach, das kein fließendes warmes Wasser, ja nicht einmal ein Bad besaß. Hierhin zog die ganze Familie Thomas mit Dylans Eltern um und wohnte dort bis zum März 1949.

Spielfilme

Während der Zeit in South Leigh schrieb Dylan nicht nur Gedichte und Funkmanuskripte, sondern begann auch wieder an Filmen zu arbeiten. Die Rank-Firma Gainsborough Films nahm ihn durch Vermittlung eines früheren Film-Kollegen unter Vertrag. Drei Drehbücher sollte Dylan im Laufe des Jahres 1948 liefern: einen historischen Stoff aus Wales, Robert Louis Stevensons Kurzgeschichte «The Beach of Falesá» und ein Musical «Me and My Bike». Der Drehbuchherausgeber Jan Read, der Dylans Arbeit überwachen mußte, hatte keine leichte Aufgabe:

«[Dylan] hatte die Angewohnheit, jeden Vorschuß bis zum letzten Penny auszugeben, noch ehe er mit einer Arbeit anfing; wir erhielten dann verzweifelte Bitten um mehr Vorschuß, damit er Rechnungen bezahlen oder Weihnachtsgeschenke für die Kinder besorgen, damit er an dem Drehbuch weiterarbeiten könnte ... Man erzählt, Dylan habe einmal, Monate im Rückstand mit einer früheren Arbeit, gebeten, man solle ihn mit einer Kiste Whisky in einem Hotelzimmer einsperren; er habe dann das Drehbuch und den Whisky übers Wochenende geschafft. Allerdings war er unpünktlich, und zwar so, daß er manchmal einen oder zwei Tage zu spät zu einer Drehbuchbesprechung auftauchte – meist mit einer entwaffnenden Ausrede, etwa, er habe gerade vor ein paar Minuten mit seinem Agenten telefoniert, um nach dem Termin zu fragen ... Bei diesen Zusammenkünften wurde nie viel gearbeitet; statt dessen verzogen wir uns unfehlbar ins Hotel ‹Shepard's Bush›, um literweise Bier zu trinken und uns Waliser Geschichten anzuhören, die Dylan wunderbar zu erzählen verstand.»[39]

Leider verzeichnete die Filmindustrie 1948 einen starken Rückgang. Rank verkaufte das Studio, ohne einen einzigen der drei Filme gedreht zu haben.

Dylan hatte sich auch vorher nicht ausschließlich auf Kulturfilmarbeit beschränkt. Nach dem Ausscheiden aus der Firma Gryphon Films (1944) gehörte er eine Zeitlang einem Autoren-Team der Stratford Film Company an und arbeitete an den Drehbüchern für «No Room at the Inn» und «Three Weird Sisters» mit. Obgleich unbekannt ist, welche Teile auf ihn zurückgehen, nahmen einige Landsleute Dylan die Mitwirkung an letzterem Film übel, weil er die Waliser als Leute mit «einer Lüge auf der Zunge und einem Kirchenlied auf den Lippen» darstellt.

Der «Savage Club» in London, Carleton House Terrace

Da London als Arbeitsplatz Dylan niemals lag, hatte er die Gewohnheit, seine Aufträge so oft wie möglich mit nach Hause zu nehmen. Nach der unumgänglichen ersten Besprechung kehrte er im «Savage Club» zu einem Abschiedstrunk ein; dann holte er seinen Freund und Chauffeur Bert Newlands ab, machte es sich im Fond des Wagens bequem (wo er bald einschlief, auf dem Boden hockend und die Füße auf dem Sitz); so fuhr er nach South Leigh. Hier, in der schläfrigen Landstadt, lebte es sich besser. Allerdings war nie Geld im Haus. So schrieb Dylan an seine BBC-Kollegin, die Patin der Tochter Aeron und Komponistin Elizabeth Lutyens: *In Old Manor ist Woche der Armut, und die Rechnungen winseln. Nächste Woche, wer weiß? trage ich vielleicht goldene Stiefel! Ich war lange nicht in London, versuche zur Zeit ein Gedicht über den Himmel zu schreiben. Ich soll das Drehbuch für ein Musical namens «Me and My Bike» schreiben, habe aber noch nicht angefangen. Unserem Hund geht es entsetzlich gut. Ich fahre nächste Woche nach Edinburgh und lese auf dem Festival Gedichte. Mein Gedicht ist großartig, purpurn, klangvoll, sonder-*

bar.[40] In dem inmitten einer weiten, nebeligen Wiese gelegenen Haus ging das Familienleben seinen geschäftigen und bunten Gang. Caitlin war mit ihrem Sechs-Personen-Haushalt, ohne Strom und mit nur kaltem Leitungswasser in der Küche, vollauf beschäftigt. Dylans Mutter war wegen einer gebrochenen Hüfte eine Weile bettlägerig, der Vater hatte ein schwaches Herz und bedurfte ständiger Pflege. Aber Caitlin ersetzte ein vollzähliges Hauspersonal einschließlich Dienstmädchen, Köchin und Krankenschwester; sie wusch und legte Florrie Thomas' Haar, umsorgte den gebrechlichen alten Herrn, der mit seinem «Times»-Kreuzworträtsel am Kamin saß, flickte Kleider für Llewelyn, entwirrte Aerons blonde Locken und badete sogar Dylan in einem viktorianischen Sitzbad.

Sowohl Dylan als auch Caitlin liebten schöne Kleider. Auch wenn sie nur in das Dorfgasthaus gingen, um ein Bier mit der Wirtin, Mrs. Hopkins, zu trinken, erschienen sie oft in todschicker Aufmachung: Dylan im weiten Sportmantel aus Tweed, eine karierte Mütze korrekt auf dem Kopf, mit Schal und Handschuhen, oder in einem Anzug aus Velour, dazu Gummistiefel. Caitlin liebte Rosa und Zinnober. Sie zeigte sich aber ebensogern in schwarzem Samt, eine Chrysantheme im blonden Haar; oder in einem ausgeschnittenen rosa Pullover mit einem orangefarbenen Tuch und einem Rock in einer dritten Farbe.

Am entgegengesetzten Ende von South Leigh lebte die Familie Locke; Cordelia und Harry Locke trafen sich öfters mit den Thomas zu einem Bier in den «Mason Arms», stellten ihnen ihr Badezimmer zur Verfügung oder tauschten Kinder und Tiere mit ihnen aus. Cordelia Locke schreibt von dieser Zeit: «Sechs graue, triste Kriegsjahre waren wie weggewischt, wenn man eine Woche in ihrer Gesellschaft zugebracht hatte. Sie steckten so voller Überraschungen und Geistesblitze wie sonst niemand, waren freundlich, ulkig und anregend verrückt.» Dylan brachte einmal einen ganzen Abend damit zu, eine tiefe, verschmutzte Schnittwunde im Fuß seiner besonderen Freundin, der Tochter Nicola, auszuwaschen. «Ich war furchtbar albern, zog den Fuß weg und stellte mich an», meinte sie, «aber er zuckte mit keiner Wimper; er beruhigte mich, redete mir zu und fuhr fort, bis die Wunde vollständig gesäubert war.»[41]

In South Leigh spielten sich, wie gewohnt, heftige Szenen ab – mit Anklagen und Beschuldigungen, wie sie offenbar zum Thomasschen Familienleben gehörten. Je größer sein Ruf wurde, um so mehr Bewunderer hatte Dylan mit seinem Talent, sich als einsamen, verlorenen jungen Mann hinzustellen, um sich geschart. Caitlins bezwingende blonde Schönheit hatte schon vor ihrer Londoner Zeit Bewunderer angezogen. Dylan, der mit ungestümer Liebe an Caitlin hing, war auch ungestüm in seiner Eifersucht auf jedes Interesse, das sie mit oder ohne Absicht erregte. Caitlin liebte Dylan, wußte aber auch, daß er nicht der Mann war, einer Frau, die ihm Avancen machte, die kalte Schulter zu zeigen. Wirkliche oder eingebildete Ehestörungen durch Dritte waren häufig und

Das Boat House an der Taf-Mündung, Laugharne

Ebbe am Boat House

endeten oft mit einer regelrechten Prügelei. Das Ehepaar hatte die Neigung, alle Zärtlichkeit für seine Zweisamkeit aufzusparen: Haß und Wut aber stellte es öffentlich zur Schau.

Der Aufenthalt in South Leigh endete im März 1949 damit, daß Margaret Taylor das schöngelegene Boat House am Ufer des Taf in Laugharne erwarb und es ihnen anbot; ein Häuschen in der Stadt, an der Hauptstraße gelegen, sollte D. J. und Florrie Thomas aufnehmen. So zog die ganze Familie nach Wales zurück, wo am 24. Juli das dritte Kind, Colm, geboren wurde. Alles hätte gutgehen können, wenn nur jemand dagewesen wäre, um die Geldangelegenheiten in die Hand zu nehmen. Dylan hatte nichts gegen schriftstellerische Gelegenheitsarbeiten, wenn er mehr Geld damit verdienen konnte. Einige Jahre zuvor hatte er eine Umfrage des «Horizon» über «Die Kosten der Literatur» unter anderem so beantwortet: *Ich selbst bekomme etwa ein Viertel des Geldes, das ich möchte, indem ich schreibe, was ich nicht möchte, und gleichzeitig versuche, es gern zu tun, was mir oft gelingt. Warum soll man nicht ebensogut sein Leben ärmlich durch ein bißchen literarisches Talent fristen wie auf irgendeine andere bescheidene Weise, so lange man nicht immer, wenn man Manuskripte für Funk und Film, Kritiken usw. schreibt, im Grunde das Gefühl hat, wegen dieser Arbeit werde die Welt um ein großartiges Gedicht oder um eine großartige Erzählung ärmer?* [42]

Einmal kam es so weit, daß das Finanzamt ihn wegen Einkommensteuerrückständen – Dylan ahnte nicht, was das ist – so hart bedrängte, daß er von jedem verdienten Pfund 90 Prozent abführen mußte. Er litt Qualen wegen seiner Unfähigkeit, mit Geld umzugehen, ja er wurde körperlich krank davon. Caitlin schreibt über eine solche Periode im Jahre 1949: «Die rückständigen Schulden drückten weiter, nur immer schlimmer, und wurden immer grausamer; und die Zukunft lag bedrohlich und quälend vor uns: all diese kleinlichen und komplizierten Geldschwierigkeiten. Der arme, nervöse Dylan, der von seinem Vater, neben der Hypochondrie, einen ätzenden Pessimismus geerbt hatte, der stets mit dem Schlimmsten rechnete, litt schlimmer als ich unter schlaflosen Nächten.» [43] Wenigstens für Dylan gab es eine kurze, angenehme Unterbrechung: eine Reise hinter den Eisernen Vorhang.

Politik

Dylan hatte sich mit dem Kulturattaché der tschechoslowakischen Botschaft in London angefreundet, Aloys Skoumal, einem katholischen Sozialisten, der für Jonathan Swift schwärmte und ihn bei jeder sich bietenden Gelegenheit zitierte. Auf Grund dieser Bekanntschaft wurde Dylan zu einer im März 1949 in Prag stattfindenden Tagung eingeladen, um an der Bildung eines kommunistischen Schriftstellerverbandes mitzuwirken. Er nahm an. In Prag angekommen, schloß Dylan sofort Freundschaft mit Vítězlav Nezval, dem humorvollen tschechischen Dichter und Romancier. Der vierzehn Jahre ältere Nezval hatte als junger Mann in Paris und der Sowjet-Union gelebt und sich nach seiner Rückkehr in die Tschechoslowakei für Breton und Apollinaire, Surrealismus und Futurismus eingesetzt. Sein Buch «Der kleinere Rosengarten» (1927) war ein poetisches Feuerwerk von seltsamen Reimen, alogischen Assoziationsreihen und grotesken Einfällen. Früh hatte er seine Liebe zum Kommunismus entdeckt; er schrieb marxistische Propaganda und wurde schließlich im Jahre 1945 Chef des tschechischen Informationsministeriums. Nezval und Dylan Thomas glichen einander in mancher Hinsicht: uninteressiert an der Welt der Ideen und der intellektuellen Abstraktion, hatten sie eine Vorliebe für übermütige Bubenstreiche und ein Bohèmeleben; beide waren hervorragende Lyriker und bedienten sich einer besonders modernen Sprache. Nach dem Bericht eines Bekannten zeigte Dylan in Prag seine gewohnte Verachtung für Geldangelegenheiten: er legte dem Barmann für einen doppelten Slivovitz eine Fünf-Kronen-Note (ungefähr 40 Pfennig) hin und sprach: «Behalten Sie den Rest!»[44] Seine Übersetzerin, die er für einen öden Literatursnob hielt, bekam es so satt, daß er auf die Karlsbrücke kletterte, eine Statue umarmte und in den Fluß zu springen drohte, wenn man sie nicht wegschickte. Dafür verliebte er sich in Prag mit seinem großen, finster über der Stadt aufragenden Schloß. Schließlich war es die Stadt Kafkas. Der graue Dunst, der tagsüber alles einhüllte, erinnerte ihn an Waliser Sonntage, aber er war begeistert von seiner Tagung: ihm schien, daß Menschen guten Willens hier einmal einmütig zusammenkämen, trotz aller politischen Intrigen der Kalten Krieger. Einige Illusionen wurden ihm geraubt, als gerade sein Freund Nezval bei den Leitern der Tagung poli-

Dylan.
Kohlezeichnung von
Mervyn Levy

tisch in Ungnade fiel und auf der Schlußversammlung nicht die geplante Rede halten durfte.

Dylan war nicht Mitglied der Kommunistischen Partei, obgleich Augustus John und andere das behauptet haben. Wer Anfang der dreißiger Jahre mündig wurde, hatte ganz selbstverständlich Freunde, die in der Partei waren; für viele junge Intellektuelle war der Kommunismus damals eben die überzeugendste theoretische Lösung für die Weltprobleme. So antwortete Dylan auf eine Umfrage des «New Verse» 1934 weit weniger eindeutig als andere: *Ich bin für jede revolutionäre Gruppe, die für das Recht aller Menschen eintritt, alle Produkte des Menschen vom Menschen und von den dem Menschen zur Verfügung stehenden Produktionsmitteln gerecht und unparteiisch unter sich aufzuteilen, denn nur durch eine solche wesenhaft revolutionäre Gruppe kann eine Gemeinschaftskunst möglich werden.* Öfter als einmal sagte Dylan zu Jack Lindsay: *Wenn alle Parteimitglieder wie du und John Sommerfield wären, würde ich auf der Stelle in die Partei eintreten.* Tatsache ist aber, daß er nicht eintrat. Um 1935 hatte

Dylan die Illusionen seiner Jugend auf Grund des Kontakts mit Kommunisten weitgehend verloren. Er vertrat jetzt die Ansicht, ein Schriftsteller könne nur entweder der Partei oder der Schriftstellerei treu sein. Das einzige soziale und wirtschaftliche Credo, das bleibe, sei aber die Dichtkunst.

Was trotzdem sein Leben lang bestehen blieb war die Sympathie für alle, die links standen. Schon 1934 hatte er einen Leserbrief an den «Swansea and West Wales Guardian» geschrieben, in dem er die faschistische Gesinnung der Swanseaer Bevölkerung angriff. Der linksgerichteten Zeitschrift «Our Time», die im Mai 1944 *Ceremony After a Fire Raid* veröffentlichte, überließ er seine Gedichte gratis. Die sozialistische Einstellung geht auch klar aus der Antwort auf eine «Horizon»-Umfrage 1946 hervor: «Finden Sie, daß der Staat oder irgendeine andere Institution mehr für die Schriftsteller tun müßte?» Dylan: *Der Staat braucht nicht mehr für die Schriftsteller zu tun als für alle anderen Menschen, die in ihm leben. Der Staat müßte Wohnung, Essen, Heizung usw. zur Verfügung stellen, ob der Mensch für den Staat arbeitet oder nicht. Die Wahl des Arbeitsplatzes und der Verdienst daraus müßten dann dem betreffenden Menschen freistehen; welche Arbeit, welcher Verdienst ist seine Angelegenheit.*[45] Dylan war auch einer der Unterzeichner der Stockholmer Friedenspetition und des Gnadengesuchs für die Rosenbergs.

Die Reise nach Prag fand eigentlich nicht so sehr aus politischen als aus gesellschaftlichen Gründen statt. Auch konnte sie ihn nur für kurze Zeit den häuslichen und beruflichen Sorgen entreißen, die ihn bei der Rückkehr nach Laugharne wieder erwarteten.

In Amerika

Mehr als fünf Jahre hatte sich Dylan gewünscht, einmal nach Amerika zu reisen. Schon in der Zeit in New Quay hatte der amerikanische Anthologie-Herausgeber Oscar Williams mit ihm in Briefwechsel gestanden – wegen der Erlaubnis, bestimmte Gedichte abzudrucken –, und Dylan hatte ihm geschrieben, wenn erst der Krieg zu Ende sei, was 1945 ja nahe bevorstand, würde er gern einmal nach Amerika kommen, er frage sich nur, wie er dort seinen Lebensunterhalt verdienen könnte.

John Malcolm Brinnin, der amerikanische Lyriker, hatte von Dylans Wunsch gehört, eine Amerika-Reise zu machen. Nach jahrelangen erfolglosen Versuchen, irgendeine akademische oder literarische Institution oder einen reichen Mann ausfindig zu machen, der diesen Besuch ermöglichen würde, fand er sich plötzlich selbst in der Lage, die Einladung auszusprechen: er wurde zum Leiter des Poetry Center der Young Men's and Women's Hebrew Association in New York berufen.

Als Brinnin Dylan nun zwei einträgliche Vortragsabende am Poetry Center in Aussicht stellte und ihm seine Hilfe anbot, Abschlüsse für weitere Vortragsabende zu arrangieren, nahm Dylan gern an. Bei seiner vollkommenen Hilflosigkeit in Gelddingen und seiner Neigung, Zeiten und Orte seiner Vorträge durcheinanderzubringen, brauchte er jemanden, der die Tournee für ihn organisierte und außerdem sensibel genug war, um die damit verbundenen menschlichen Probleme zu verstehen. Dylan schrieb: *Ich möchte mich nicht totarbeiten, andererseits will ich unbedingt mit einigen Dollars in der Tasche nach England zurückkehren. Und natürlich möchte ich auch ein bißchen in den Staaten herumkommen. Ich überlasse das ganz Ihnen. Ich liefere mich Ihnen wie ein Kind aus in Verwirrung und Dankbarkeit... Ich lese tausendmal lieber Arbeiten anderer Leute als meine: sie sind soviel klarer. Eine Stunde Dylan Thomas vortragen ist die Hölle und läßt große glühende Flecken vor der Seele tanzen... Ich selbst lese alles gern und werde mich bestimmt bemühen, es unterhaltend zu machen – ausgenommen Dialektdichtung, Hymnen an Stalin, alles, was 500 Zeilen übersteigt... Laughlin* (vom Verlag New Directions) *schreibt, beim Gotham Book Mart werde sofort eine Party für mich veranstaltet, wenn ich ankomme: ich werde meinen Glasbauch polieren.*[46]

John Malcolm Brinnin

Am 21. Februar 1950 landete Dylan auf dem Flugplatz Idlewild, und die Saga seiner letzten dreieinhalb Lebensjahre, wie sie Brinnin gründlich und genau in «Dylan Thomas in America» dokumentiert, begann. Am ersten Tag in New York fand er mit Hilfe Brinnins sehr schnell zwei alte Freunde wieder, den Lyriker Ruthven Todd und den Film-Mann Len Lye, beide in Greenwich Village. Bei einem improvisierten gemeinsamen Mittagessen wärmten die drei Erinnerungen an wüste Saufgelage in Soho auf, bei denen zuletzt alle unter dem Tisch gelegen hatten, an Kneiptouren, die kein Ende nahmen. Als Len Lyes Frau Jane eintraf, warf sie nur einen Blick auf den Ankömmling, den sie zehn Jahre lang nicht gesehen hatte, und jammerte auf: «Ach, Dylan, als ich dich zum letztenmal sah, warst du ein Engel!» Die Veränderung, die mit Dylan vorgegangen war, ist ohne weiteres an den Bildern aus den beiden Zeiträumen erkennbar. Das Foto, das Dylan für die Ankündigung der Lesung beim Poetry Center geschickt hatte, zeigte einen verwüsteten Menschen. Das dichte Haar war verfilzt, die weit auseinanderstehenden Zähne braungefleckt vom Rauchen, das Fleisch gedunsen; sein Blick war angstvoll. Am Ankunftsmorgen wurde er mehrmals von Hustenanfällen heimgesucht, die den ganzen Körper erschütterten. Auf die Frage, was ihm fehle, meinte er: *Ich glaube, man nennt es Leberzirrhose.* Während der ganzen ersten Tournee quälten ihn täglich derartige Hustenanfälle, nach denen er würgte, sich erbrach und oft auch Blut spuckte. Das ständige körperliche Unwohlsein in Amerika mag ihn zu seinen dauernden Lokalbesuchen veranlaßt haben; es zeigte sich aber, daß diese Sucht seinen Zustand nur verschlimmerte. Als er erst zwei Nächte im «Beekmann Towers Hotel» gewohnt hatte, bat ihn die Hotelleitung, wegen seines spätabendlichen Heimkehrens in betrunkenem Zustand sich anderswo ein Unterkommen zu suchen.

Die Eröffnungsveranstaltung im Poetry Center wurde von über tausend Menschen besucht – der Saal quoll über. Dylan trug mit seiner wunderbaren Stimme und seinem großen darstellerischen Talent Yeats, Hardy, Auden, Lawrence, MacNeice, Alun Lewis und Edith Sitwell vor. Er beschloß das Programm mit einer Auswahl aus eigenen Werken, die sich vom Zarten, Lyrischen bis zum Kraftvollen, Deklamatorischen steigerten. Ebenso erfolgreich war die zweite Lesung im Poetry Center. Dann ging es nach Yale, wo Dylan zum erstenmal vor Studenten vortrug, und von dort nach Boston. Die berühmte erste Tournee durch die amerikanischen Universitäten war im Gange. Während der drei Monate seines Amerika-Aufenthalts bewältigte Dylan über 30 Lesungen in den Colleges Y. M. H. A., Yale, Harvard, Mount Holyoke, Amherst, Bryn Mawr, Washington Institute of Contemporary Arts, Columbia, Cornell, Kenyon, Chicago, Notre Dame, Illinois, Iowa State, California (Berkeley), British Columbia, Washington (Seattle), California (Los Angeles), Pomona, Santa Barbara, Mills, San Francisco State, Cooper Union, Museum of Modern Art, Hobart, Florida, Wellesley, Brandeis, Michigan, Wayne State, Indiana, Vassar, Princeton, wiederum Y. M. H. A. und Barnard. Von den Städten, die er besuchte, gefielen ihm San Francisco, Chicago und Hollywood am besten. Hier fühlte er sich nicht so von übereifrigen Professoren und «ardents» eingeengt, wie er die schweifwedelnden, ja ihn vergötzenden Anhänger nannte, und er lernte Menschen kennen, deren Charakter und Interessen den seinen entsprachen. In Chicago war es der Romancier Nelson Algren, der ihn in einfache Kneipen der South Side von Chicago führte, die er sonst kaum kennengelernt hätte. In San Francisco war es eine Gruppe von Dichtern, Tram Combs, Kenneth Rexroth, Kenneth Patchen, Lawrence Ferlinghetti und andere; viele von ihnen lernte er durch Ruth Witt-Diamants Poetry Center an der Staatsuniversität von San Francisco kennen. Mrs. Witt-Diamant wurde ihm eine gute Freundin und befreundete sich später ebenfalls mit Caitlin. Den Höhepunkt seiner ersten Amerika-Reise erreichte er jedoch während des Aufenthalts an der Universität von Kalifornien in Los Angeles. Brinnin berichtet:

«Einen Teil seiner Zeit in Hollywood verbrachte Dylan als Gast von

Charlie Chaplin

Christopher Isherwood. Seine Berichte über das Leben, das dieser britische Romancier führte und das Dylan als ein ständiges Sonnenbaden an mondänen südkalifornischen Stränden schilderte, waren nicht ohne einen ätzenden Beigeschmack, nicht frei von Neid. Auf Isherwoods Frage, was er gern tun, wen er gern kennenlernen möchte, hatte Dylan erwidert, er habe sich aus zwei Gründen sein Leben lang gewünscht, nach Hollywood zu kommen: um Charles Chaplin kennenzulernen und um einmal ein ‹date› mit einer ‹aschblonden› Filmschauspielerin zu erleben. Die beiden Wünsche wurden ihm am selben Abend erfüllt.

Die ‹Aschblonde›, deren Tischherr Dylan bei einem Abendessen mit Isherwood und einer kleinen Schar von Bekannten wurde, war Shelley Winters. Während Dylan ihren Namen nie zuvor gehört hatte, überraschte sie ihn durch Bemerkungen, die zeigten, daß sie nicht nur von ihm gehört, sondern sich auch mit seinen Arbeiten beschäftigt hatte. Nichtsdestoweniger weigerte Dylan sich, sie mit ihrem Vornamen anzureden, weil er das, wie er ihr sagte, als eigenartig und beunruhigend empfunden setzt, um etwas zu trinken, und hatten sich unterhalten – hauptsächlich über Baseball, wie Dylan sagte, von dem er nichts verstand. Allmählich hatte die Unterhaltung aber ihren Charakter verändert; sie hatte nun hauptsächlich in einer bewundernden Aufzählung der äußeren Vorzüge von Miss Winters bestanden, von denen er sich genauer hatte überzeugen wollen. Er erlitt aber eine Abfuhr, berichtete Dylan, mit Worten, die der Matrosensprache nichts nachgaben.

Als sie in einem Hollywooder Restaurant zu den übrigen stießen, telefonierte Frank Taylor, der bekannte New Yorker Verleger, der gerade bei einem Filmstudio arbeitete, Charles Chaplin an und erzählte ihm von Dylans heißem Wunsch. Daraufhin lud Chaplin alle für den Abend in sein Haus ein. Als die Gesellschaft eintraf, wurde sie mit einer improvisierten commedia dell'arte-Szene begrüßt, in der Chaplin mit einer Grazie und einer Geschicklichkeit, die Dylan erstaunten, das Benehmen eines perfekten Gastgebers, eines Butlers und eines Garderobenmädchens parodierte. Noch ganz betäubt von seinem Mißgeschick bei Miss Winters, die ihrerseits durch das Benehmen dieses betrunkenen Dichters aus Wales verstimmt war, war Dylan zu Anfang nicht ganz Herr seiner selbst. Schnell aber, erfreut, Chaplin über seine Scherze lachen zu hören, hatte er sich gefangen. Als er zu dem Gastgeber sagte, niemand daheim in Laugharne werde ihm glauben, wenn er später von diesem Besuch erzählen würde, entzückte Chaplin ihn aufs neue, indem er ein Telegramm aufsetzte und es sofort an Caitlin abschickte.»[47]

Dylan lernte auf seinen Reisen viele große oder nur berühmte Amerikaner kennen: er liebte die würzige Rede Carl Sandburgs, er hielt Thornton Wilder für *völlig bestrickend* (*completely endearing*), er fand den künftigen amerikanischen Präsidenten Eisenhower *ganz nett* und fühlte sich bei dem exzentrischen Charme eine E. E. Cummings wohl. Auch die Amerikaner merkten bald, was die Engländer schon lange wußten, nämlich daß an Dylan etwas war, das jedem neuen Bekannten bald das Gefühl gab, ein alter Freund zu sein. Unter den Hunderten, denen es nur so vorkam, gab es aber auch solche, die wirklich echte Freunde wurden: Jean Garrigue, Jeanne Gordon Goldman, Pearl Kazin, Loren MacIver, Lloyd Frankenberg, David Lougee, Stanley Moss, Theodore Roethke und andere. Die erste der vier amerikanischen Reisen Dylans endete am 31. Mai 1950. Gesundheitlich war es ihm die ganze Zeit über schlechtgegangen. Trotzdem hatte er in zwei Fächern brilliert: offiziell als Lyrik-Vortragender, privat als romantischer Possenreißer. Zwei andere ihm aufgetragene Rollen bewältigte er weniger gut: den Part des Familienvaters und den des Lyrikers. Hatte er doch nicht das Geld für Frau und Kinder zusammenzuhalten vermocht, dessentwegen er die Reise hauptsächlich unternommen hatte, und auch den Weg zurück zu dichterischem Schaffen, den er so lange und so verzweifelt gesucht hatte, hatte er nicht gefunden.

In Laugharne

Während des Sommers nach seiner Rückkehr arbeitete Dylan Thomas in Laugharne an dem Gedicht *In the White Giant's Thigh*. Gleichzeitig erschien in England die bibliophile Ausgabe der *Twenty-Six Poems*, die schon im Mai in Amerika herausgekommen war. Das geschmackvolle Bändchen, in den Farben Schwarz, Grün und Weiß, wurde auf der Handpresse der Officina Bodoni in Verona gedruckt. Die Auflage betrug nur 150 Stück, alle handsigniert, zehn auf Velinpapier, die übrigen auf handgeschöpftem Bütten; der Stückpreis betrug 15 bzw. 25 Pfund; noch am Tag der Veröffentlichung war die ganze Auflage vergriffen.

In der zweiten Jahreshälfte war Dylan verschiedentlich für die BBC tätig; im August besprach er Werke amerikanischer Lyriker; im September las er drei eigene Gedichte; im Dezember nahm er an einem Rundgespräch über dichterische Freiheit mit George Barker, Roy Campbell und W. R. Rodgers teil. Im Frühling darauf machte Dylan eine Sendereihe über persisches Erdöl. Zu diesem merkwürdigen Thema kam es durch einen Auftrag der heute als British Petroleum Company bekannten Firma, ein Drehbuch für einen Werbefilm zu liefern. Im Januar 1951 flog Dylan daher nach Persien. In einem Brief schrieb er:

Die Anglo-Iranische Erdölgesellschaft hatte mich hergeschickt, um in einem Film zu zeigen, wie herrlich Persien und wie mauseklein, wie zahm der Einfluß jener Firma dort ist: ich sollte Wasser auf wogendes Öl gießen. Ich kam gerade noch raus, bevor der Ausnahmezustand erklärt wurde... Vielleicht schickt man mich demnächst verkleidet zurück mit dem Auftrag, nunmehr ein Drehbuch darüber zu schreiben, wie scheußlich Persien und wie großartig, wie unentbehrlich jene fabelhafte Erdölfirma ist.[48]

Aus leicht begreiflichen Gründen wurde der Film nie gedreht. Später schrieb Dylan an Brinnin:

Nein, Persien war nicht nur niederdrückend. Herrliches Isfahan und Schiras. Böse, wichtigtuerische, ölige Engländer. Furchtsame, listige, korrupte und reizende verdammte persische Schweine. Opium nix gut. Persischer Wodka, aus roten Rüben hergestellt... sehr trinkbar. Bier voller Glyzerin und Kerne. Frauen verschleiert, oder unverschleiert – häßlich, oder schön und vollkommen unzugänglich, oder hungrig. Die lieblichen Kamele, die auf den Hälsen sitzen und lächeln. Ich fahr nicht wieder hin.[49]

Dylan, Billy Williams, Caitlin und Bill Read in St. David's, Pembroke

Dylan bezog zu dieser Zeit sein Einkommen aus verschiedenen Quellen: er spielte oder las mehrfach im Funk; Marguerite Caetani, die Herausgeberin der internationalen literarischen Zeitschrift «Botteghe Oscure», unterstützte ihn verschiedentlich privat; der Buchhändler Bertram Rota und andere Bekannte verkauften für ihn Gedichte in seiner Handschrift an Sammler; von Dent und von New Directions gingen laufend Tantiemen ein. Aber obgleich er diese und zahlreiche andere Geldquellen zur Verfügung hatte (das Haus wurde ihm von Margaret Taylor zur Verfügung gestellt, andere Freunde erfüllten ihm immer wieder Bitten um Geld), hielt die Finanzkrise an. Das Geld wurde einfach schneller ausgegeben, als neues hereinkam. Das ständige Geldproblem verschlimmerte seinen ohnehin sehr schlechten Gesundheitszustand noch mehr: *Ich habe Gicht, Rückenschmerzen, Bronchitis, Schlaganfälle und schlimme Vorgefühle; auch sonst geht es mir sehr schlecht.*[50]

Aber bei aller Verzweiflung, nicht nur wegen der Geldnot und schlechten Gesundheit, sondern auch darüber, daß er nicht mehr mit der Leichtigkeit schrieb, die er mit neunzehn Jahren besessen hatte und die er nie wiedergewinnen sollte, war Dylan nicht unproduktiv. Er ging jeden Nachmittag in seine Werkstatt, einen kleinen Gartengeräteschuppen, der wenige hundert Meter vom Boat House entfernt hoch oben an der Steilküste klebte, um an einem neuen Gedicht, *Poem on His Birthday*, zu arbeiten. Lange ehe er mit dem Schreiben anfing, hatte er den Plan fertig ausgearbeitet: es sollte von einem Dichter handeln, der sich Rechenschaft darüber ablegt, daß er *die Hälfte der Spanne bis zum biblischen Alter* durchmessen hat. In einem hochgelegenen, von Bäumen umgebenen Haus, von dem aus er auf das Meer hinunterblicken kann, will er diesen Teil feiern und zugleich schmähen. Vögel und Fische wimmeln unter und um ihn her auf ihren Todeswegen; er selbst, ein Arbeiter am Wort, strebt *zu seinen eigenen Wunden hin, die im Hinterhalt auf ihn lauern*. Der Dichter *singt in die Richtung seines Schmerzes*. Die Vögel fliegen den Falken nach, die sie schlagen werden. Die Fische schwimmen den Ottern zu, die sie fressen werden. Er sieht Reiher in ihren Leichentüchern gehen, nämlich im Wasser, in dem sie fischen; und er selbst, angstvoll dem Feuertod unter dem Rauchpilz einer Atomexplosion zuschreitend, weiß, daß die Seetiere draußen im Meer, die einander verfolgen und fressen, das Fleisch ihres eigenen Todes schmecken. Genau die Hälfte seiner 70 biblischen Jahre sind nun vorbei. Er sieht zurück auf sein bisheriges Leben, wie er diesen Menschen geliebt, jenen gehaßt, manches erlebt hat, und erkennt das Näherrücken des Todes durch alles hindurch, was er war und tat. Der Tod erwartet ihn und alle im Wahnsinn eines nächsten Kriegs. Und immer noch singend, immer noch die Herrlichkeit der Erde rühmend, immer noch, wenn auch von Ferne, liebend, während die Kreatur ebenfalls fröhlich ihrem unentrinnbaren und schmerzlichen Tod zulebt, geht auch er

Dylans Schuppen am Cliff Walk

seinem Ende entgegen. Warum soll er Gott und die Schönheit der Welt loben, während er einem entsetzlichen Tod zuschreitet? Er verabscheut das tiefe Dunkel des Nichts, und je mehr er sich ihm nähert, desto lauter singt er, desto höher springt der Lachs, desto schriller jubilieren die Vögel.

Dylan arbeitete an zwei weiteren Gedichten, die im November in den «Botteghe Oscure» erscheinen sollten. Das eine hieß *Lament* und war die Klage eines leichtsinnigen Mannes, der eine moralische Frau geheiratet hat; die BBC sollte es später wegen «Unzüchtigkeit» aus dem Äther verbannen. Das andere Gedicht war *Do Not Go Gentle Into That Good Night*, seinem Vater gewidmet. Schon seit 1934 hatte D. J. Thomas, der an Kehlkopfkrebs litt, regelmäßig Spritzen bekommen. Das Herz war immer schwächer geworden. Die frühere Strenge war vollkommen verschwunden, aus dem ehrfurchtgebietenden Lehrer war ein milder, seine Leiden geduldig ertragender alter Mann geworden. Sein Zustand verschlechterte sich ständig, und am 16. Dezember 1952 starb er.

Kurz vor seinem eigenen Tod beschäftigte Dylan sich mit einem zweiten Gedicht auf den Vater, das von Vernon Watkins vollendet worden ist. Die Bewunderung des Sohnes spricht aus den Notizen zu diesem längeren Gedicht: *Obgleich er zu stolz zum Sterben war, starb er doch, blind, unter schrecklichen Leiden; nie aber hat er vor dem Tod zurückgezuckt, und er war tapfer in seinem Stolz.*

In seiner Unschuld, meinend, er hasse Gott, hat er nie gewußt, wie er wirklich war: ein alter, lieber Mann in seinem brennenden Stolz.

Seine Mutter erzählte, daß er als kleines Kind nie weinte; ebensowenig weinte er als alter Mann; er weinte wohl seiner verborgenen Wunde zu, und seiner Blindheit, nie laut.[51]

D. J. Thomas hatte sowohl Gründe gehabt, seinen Sohn zu verfluchen wie ihn zu segnen. Eigentlich hatte sein Sohn die Gelehrsamkeit lieben, studieren und ein vornehmer, gebildeter Mensch werden sollen. Aber auf der anderen Seite: war er nicht selber ein halber Dichter? So war es doch auch ein Ruhm, zu erleben, wie sein Sohn ein international gefeierter Lyriker wurde, der schrieb:

Do Not Go Gentle Into That Good Night

Do not go gentle into that good night,
Old age should burn and rave at close of day;
Rage, rage against the dying of the light.

Though wise men at their end know dark is right,
Because their words had forked no lightning they
Do not go gentle into that good night.

Die Familie

Good men, the last wave by, crying how bright
Their frail deeds might have danced in a green bay,
Rage, rage against the dying of the light.

Wild men who caught and sang the sun in flight,
And learn, too late, they grieved it on its way,
Do not go gentle into that good night.

Grave men, near death, who see with blinding sight
Blind eyes could blaze like meteors and be gay,
Rage, rage against the dying of the Light.

And you, my father, there on the sad height,
Curse, bless, me now with your fierce tears, I pray.
Do not go gentle into that good night.
Rage, rage against the dying of the light.

Geh nicht so sanft in diese gute Nacht

Geh nicht so sanft in diese gute Nacht,
Das Alter sollte lodern, rasen, wenn der Tag sich senkt;
So wüte, wüte doch, daß man das Licht dir umgebracht.

Ob Weise auch an ihrem Ende Schwarz für recht bedacht,
Weil ihre Worte keinen Blitz gesprengt,
Geh nicht so sanft in diese gute Nacht.

Die Braven klagen, wenn die letzte Welle kommt, wie sacht
In einer grünen Bucht ihr mattes Tun sich hätte tänzerisch ge-
                                                    schwenkt,
So wüte, wüte doch, daß man das Licht dir umgebracht.

Der Wilde, dessen Sang und Schlag die Sonne hat verjagt,
Er merkt, zu spät, daß er sie nur gekränkt.
Geh nicht so sanft in diese gute Nacht.

Der Ernste, todesnah, hat endlich blinden Blicks bedacht,
Daß blindem Auge Meteor und froher Glanz sich schenkt.
So wüte, wüte doch, daß man das Licht dir umgebracht.

Und du, mein Vater, hoch in deiner Trauermacht,
Verfluche, segne mich mit wilden Tränen; sei von mir bedrängt.
Geh nicht so sanft in diese gute Nacht.
So wüte, wüte doch, daß man das Licht dir umgebracht.

Zum zweitenmal in Amerika

Im Oktober hatte Dylan Marguerite Caetani die erste Hälfte von *Llareggub* zugesandt und für das fertige Werk 100 Pfund verlangt; Boat House müsse verkauft werden (was nicht stimmte), man zwinge sie zur Übersiedlung nach London in eine «geliehene» Wohnung. Diese Wohnung lag in Camden Town, Delancey Street 54, *einem Haus des Schreckens, an einer Bus- und nächtlichen Lastwagenroute und gegenüber einer Eisenbahnbrücke und einem Rangierbahnhof gelegen. Nirgends Reiher.*[52]

Dylan und Caitlin waren froh, diese trostlose Umgebung in der Mitte des Winters hinter sich zu lassen, um an Bord der «Queen Mary» zu gehen. Die zweite Amerika-Reise begann; sie sollte drei Monate und drei Wochen dauern, vom 20. Januar bis zum 16. Mai 1952. John Brinnin holte das Ehepaar in New York ab und brachte es ins Landhaus der mit ihm befreundeten Fotografin Rosalie Thorne McKenna in Millbrook (New York). Rollie machte eine große Bilderserie, die heute zu ihrer berühmten Sammlung von Dichterbildnissen gehört. Man unternahm stille Fahrten über Land, man besuchte Vassar, wo Caitlin zum erstenmal in Bluejeans steckende Collegegirls sah, die ihrer Meinung nach aussahen «wie intellektuelle Hexen».

Nach New York zurückgekehrt, ließen Dylan und Caitlin sich in einem Ein-Zimmer-Apartment mit kleiner Küche im Hotel «Chelsea» nieder, das Caitlin mit Unterstützung des Malers Loren MacIver gefunden hatte. Die zweite amerikanische Vortragsreise begann mit einer Eröffnungslesung im Poetry Center der Y. M. H. A. Caitlin hatte sich mit dem Bildhauer David Slivka, dessen Frau Rose und mit Mrs. Frances Brinnin angefreundet; Dylan hatte einen stets wachsenden Kreis von Bewunderern und – die «White Horse Tavern» gefunden, eine Kneipe, die einem englischen Pub so nahe kam, wie es in Amerika überhaupt möglich ist. Aber Dylans Leichtsinn im Verein mit Caitlins Verschwendungssucht ließen die in Wochen eingenommenen hohen Summen in Tagen dahinschwinden; Dylan war imstande, an einem Tag 75 Dollar auszugeben, ohne sagen zu können, wofür; Caitlin gab 40 Dollar aus, um sich ein Paket Wäsche nachschicken zu lassen. Obgleich Dylan Tausende von Dollars verdiente, war alles bis auf wenige Hundert ausgegeben, als die beiden sich im Mai zur Heimreise anschickten.

Während der Rundreise ließ Dylan am 22. Februar seine Lesungen eigener Gedichte zum erstenmal auf Schallplatten aufnehmen. Zwei frischgebackene Akademikerinnen, Barbara Holdrigde und Marianne Mantell, hatten in diesem Winter beschlossen, unter dem Namen Caedmon Records eine Gesellschaft zu gründen, um Schallplattenaufnahmen literarischer Werke herauszubringen; den Anfang sollten Dylans Lesungen machen. Auf die erste Aufnahme um Mitternacht in der Steinway Hall folgte eine zweite im Mai 1953. Aus diesen beiden Aufnahmen setzten sich die ersten beiden Dylan Thomas-Langspielplatten zusammen. Einige Jahre früher hatte Dylan für die London Library of Recorded English zwei Werke des von ihm sehr geliebten Thomas Love Peacock, im Sommer 1949 für Lloyd Frankenbergs Columbia-Platte «Pleasure Dome» seine eigenen Gedichte *Poem in October* und *In My Craft and Sullen Art* aufnehmen lassen. – Nach den ersten beiden Schallplatten von Caedmon wurden noch neun weitere herausgebracht, und zwar aus den Bandaufnahmen der Y. M. H. A., des Massachusetts Institute of Technology und des Bostoner Senders W. G. B. H.

Gleichfalls im Februar brachten New Directions seine sechs Gedichte *In Country Sleep* heraus, 5000 Exemplare in der regulären – sehr schönen – Ausgabe und 100 auf Spezialpapier mit Namenszug des Verfassers. Das Aufsehen war nur gering, verglichen mit dem Erscheinen der *Collected Poems* in England im folgenden November und in Amerika im darauffolgenden März. Auch dieser Band erschien in zwei Ausstattungen, neben den regulären wurden 65 Exemplare hergestellt, die in blaues Saffianleder gebunden, numeriert und vom Autor signiert waren. Das Buch hatte sofort einen großen Erfolg. Philip Toynbee schrieb: «Man gilt nicht mehr als exzentrisch, wenn man behauptet, daß Thomas der größte lebende Dichter englischer Sprache ist.» Wenn auch, besonders in England, einige Kritiker nicht mit dem Buch einverstanden waren, neigte das bücherkaufende Publikum doch Toynbees Ansicht zu. Sonderbarerweise schien der Erfolg seines Werks dem Verfasser nicht viel zu bedeuten. Der Verlagsleiter von J. M. Dent, Dylans englischer Verleger E. F. Bozman, schreibt dazu:

«Von höflichen Umgangsformen, im Gespräch sanft und überredend, äußerlich geschäftsmäßig, ohne irgendein Zeichen von Überheblichkeit, dankbar für und leicht verwundert über alles, was man kommerziell für ihn tat, verpaßte er garantiert jede Gelegenheit, praktischen Nutzen aus seiner Dichtung zu ziehen; und er machte alle unsere Versuche zunichte, die ihm ermöglichen sollten, sich selbst zu helfen. Es war, als berührten die Alltagserfolge des Schriftstellers ihn nur an der Oberfläche – als dächte er an anderes, das weit wichtiger war als die üblichen menschlichen Befriedigungen. Er konnte einen Packen begeisterter Kritiken durchblättern, als seien es die Erzeugnisse eines Schülerwettbewerbs – es war, als wolle er damit sagen: Lassen wir doch den Kritikern die Freude, was hat denn das mit mir zu tun? Er hatte auch nicht den Wunsch, seine eigenen Dichtungen, die er wirklich sehr liebte, zu verstehen. Er sagte sogar immer, das könne man von ihm nicht verlangen; habe er sie nicht geschrieben? Mehr könne man doch wirklich von keinem Menschen erwarten.

Ohne Zweifel war das verlegerische Ereignis, das ihm am meisten bedeutete, das Erscheinen seiner *Collected Poems*. Aber sogar als er die Gedichte zusammenstellte und revidierte, verlor er zeitweise jegliches Interesse an ihnen; das ging so weit, daß er das Originalmaterial mehrfach verlor; als sich herausstellte, daß das Buch einen außergewöhnlichen Erfolg hatte, war er weder hochgestimmt noch überrascht.

... die Briefe an seine Verleger waren durchaus vernünftig, und er antwortete pünktlich, außer man legte ihm eine Arbeit nahe, die besonders in seinem geschäftlichen Interesse war; in diesem Fall antwortete er gar nicht. Verabredungen hielt er im allgemeinen nicht ein – hatte er aber in dieser Hinsicht versagt, so machte er unendliche persönliche Anstrengungen, um sich zu entschuldigen und die Sache in Ordnung zu bringen, wo-

Dylan. Karikatur, von Caitlin gezeichnet

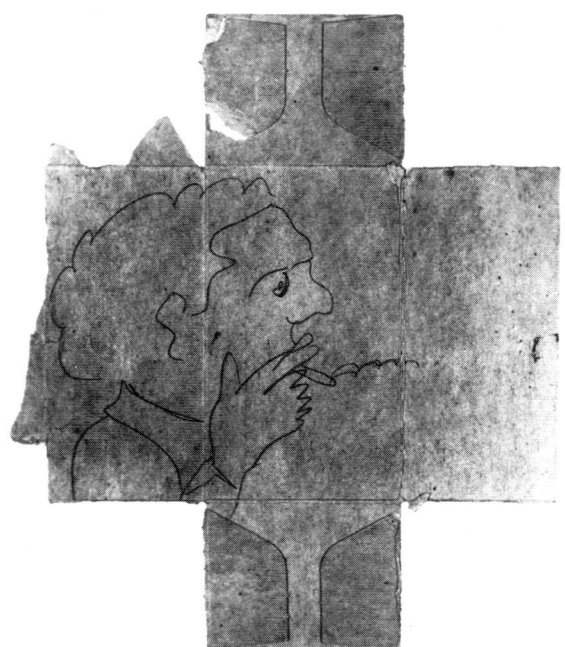

bei er sich so entwaffnend bekümmert zeigte, daß er die Möglichkeit behielt, das nächste Mal die ganze Komödie wieder von vorn anzufangen.»[53]

Ende 1952 bis Anfang 1953 arbeitete Dylan für die BBC (für die er auch eine Gedichtanthologie von Edgar Lee Masters zusammenstellte und die Einführung dazu schrieb), schrieb Buchbesprechungen und bereitete das Drehbuch von *The Doctor and the Devils* für den Druck vor. Den ganzen Winter über beschäftigte ihn die Frage, ob er eine dritte Amerika-Reise machen sollte. Die ersten beiden Vortragstourneen waren insofern unendlich lohnend gewesen, als er eine persönliche Anerkennung geerntet hatte, wie sie ihm in England in diesem Maße niemals zuteil geworden war. Auch waren sie der Beweis, daß er in sehr kurzer Zeit viel Geld verdienen konnte. Daß das Geld nicht bei ihm blieb, war lediglich die Folge seiner Unfähigkeit, mit finanziellen Dingen fertig zu werden. Ein

Aeron Thomas

weiteres Problem waren Dylans Seitensprünge. Obgleich er seine Frau von Herzen liebte, und obgleich seine Eskapaden nicht lange anhielten, war Caitlin rasend eifersüchtig. Sie sagte, worum es ihm bei seinen Amerika-Reisen gehe, sei «Schmeichelei, Müßiggang und Untreue». Dylan verbesserte, es gehe ihm um «Anerkennung, Theaterarbeit und Freundschaft».

Nun, da die Pension des Vaters fortfiel, hatte Dylan zum erstenmal auch für seine Mutter aufzukommen; sowohl Dylans Sohn Llewelyn (Magdalen College School, Oxford) als auch seine Tochter Aeron (Arts Educational School, Tring Park, Hertfordshire) besuchten Schulen, für die Schulgeld zu bezahlen war. Der Verlag, der ihm einen Vorschuß auf das noch immer ungeschriebene Buch «A Bard's Eye View of the U. S. A.» gezahlt hatte, hatte ihm, so wenigstens sagte Dylan, mit einer Klage gedroht, falls das Buch nicht bis zu einem bestimmten Termin vorliege.

Die Gemütsstimmung dieser Tage, als die Flut der Schrecknisse in Dylans Leben höher und höher stieg, zeigt in bestürzender Weise ein Brief an Marguerite Caetani, in dem Dylan sich für das Ausbleiben des zweiten Teils von *Llareggub* und für sein Schweigen überhaupt entschuldigt:

Llewelyn Edouard Thomas

6. November 1952 ... *Ich schäme mich meines Schweigens immer mehr und zürnte mir immer mehr wegen meines Zögerns, bis ich schließlich gar nicht mehr schreiben konnte. Ich steckte den Kopf in den Sand Amerikas; flog über Amerika hin wie ein dicker, geschwätziger Vogel; tönte und machte Fisimatenten, während mein Haus brannte; schleppte die ganze Zeit meine halbfertigen Briefe, meine ersterbenden Entschuldigungen und Selbstanklagen mit mir herum, die einsame Hälfte eines linkischen Vielleicht-Stücks, ein schweres, drückendes Bündel. Dieser Vogel-Strauß-Schmerz war immer bei mir und regte sich am lautesten in der späten Nacht, wo ich ganz zu Sand wurde ... Mir scheint, diese Blätter welken in dem grauen, fast unaufhörlichen Tröpfeln, das auf die Stadt herniederseufzt durch das von Vögeln zerkratzte, zündholzschachtelgleiche Dach in meine von Arbeitsspuren bespritzte Hütte. Regen ist es nicht, so muß es wohl Reue sein. Die ganze Bucht voller Fische ist vollgesaugt mit Schuld wie die weggeworfenen Stücke von Gedichten ohne Zukunft, die feucht bis ins Innerste zwischen verbrauchten Zündhölzern auf dem Boden liegen, und wie die halben Briefe, die sich in den verzogenen Schubladen rollen und wimmern. Ich schreibe diese schuldigen Laute in einem kalten Tümpel an einem Novembernachmittag unter einem Nebel von Depressionen ... Wenn ich ver-*

suche, meine Angst zu erklären, werden die konfusen Symbole wie Blei,
und ein verschwommener Rost überzieht die Wörter... Wenn man Angst
hat, versucht man in dem einen Fall instinktiv, sich so klein, so unsichtbar
wie möglich zu machen, sich, wie man glaubt, ungesehen und anonym
niederzukauern, bis die Jagd vorüber ist. Mein Instinkt rät mir bei Furcht,
mich aufzublasen wie ein Frosch, meine Unbedeutendheit zu vervielfa-
chen, meinen Namen an die große Glocke zu hängen, damit, da ich so
angebe und doppelt so groß scheine wie ich bin, die Jagd, meine Riesenge-
stalt erblickend, auf der Suche nach anderer, bescheidenerer Beute an mir
vorüberbelle. Aber so meine ich es gar nicht; die Sinnbilder sind blöde
geworden, die Wörter tun den Mund nicht auf.

   Nachdem Sie, Madame Caetani, mir geholfen hatten, meine Schulden in
Laugharne zu bezahlen, zog ich nach London, was für mich nirgendwohin
bedeutet, und lebte von gelegentlichen Rezensionen... noch gelegentliche-
ren Rundfunksendungen und davon, Frauenvereinen etwas vorzuma-
chen... Dann fuhr ich mit meinem Gepäck von Unbehagen in die USA
und war monatelang lauttönend verschollen; ich ging bei jungen Menschen
hausieren und pries ihnen die romantischen Agonien der Toten an. Ich
verdiente Geld, und es verschwand, und ich kehrte ohne Geld zurück...
und wieder... schrieb ich Rezensionen, bettelte, las, machte Funksendun-
gen... Nebenarbeiten halten mich durch ihren Charakter und durch die
Zeit, die sie beanspruchen, davon ab, zu schreiben, wie ich schreiben

122

*«Milk Wood» (Laugharne)
und Sir John's Hill*

*Bürger von
Laugharne*

möchte; aber wie soll ich ohne diese Arbeiten überhaupt leben, schreiben? Diese Probleme, kleine Alpträume, treiben mich in meinen wachen Nächten wie in einer Tretmühle um . . . Ich kann nicht ständig an Schlachter und Bäcker und Krämer und Schuster und Raten und Mieten denken, bis ich blute. Wenn ich mit dem fertig bin, woran ich jetzt arbeite, muß ich das Schreiben vielleicht ganz aufgeben. Mein Dichtenmüssen – wie ich das bisher sah – ist vielleicht nur Einbildung. Das Geblök, das das schwache Flämmchen anfacht, ist schließlich nichts als Wind. Und Schreiben ist gewiß kein altes Stammesgeheimnis von Kopfjägern. Ach, wie ich ständig meine privaten Schmerzen ausbreite, weil ich nicht schreiben «darf», als würden die Bäume einwärts wachsen wie Zehennägel, wenn ich diese Passion der Selbstverherrlichung aufgäbe. «Still, ich muß schreiben. Stopf den Lieferanten das Maul, ich muß schreiben. Milde Gaben, um der Liebe zur Dichtung willen!» Vielleicht würde es mir besser gehen, wenn ich Zähne zöge.[54]

Im Dezember fragte er bei Stephen Spender an, ob er wieder eine Geldsammlung veranstalten würde wie die von 1940, die so großen Erfolg gehabt hatte. Aber die meisten, denen Spender schrieb, antworteten, Dylan habe inzwischen ein höheres Einkommen als sie selbst. Schließlich fanden alle Schwierigkeiten ihre vorläufige Lösung. Caitlin war entschieden gegen eine dritte Reise; aber Dylan hatte in Amerika eine Quelle der Befriedigung entdeckt, wie er sie in England nicht fand, und war entschlossen, so oder so zu fahren. Eine Möglichkeit, die erwogen und wieder verworfen wurde, war die, Caitlin und Colm mit nach Amerika zu nehmen, auf eine kurze Vortragsreise zu gehen und sich dann ein Haus in Amerika zu suchen, um eine andere Arbeit zu finden als das *transkontinentale Lesen und Schwärmen.* Endlich kam man nach langem, für alle Beteiligten gleichermaßen niederdrückendem Hin und Her zu dem Beschluß, Dylan solle nur sechs Wochen auf Reisen gehen. In dieser Zeit sollte er so viel Geld sparen, daß er, Caitlin und Colm den Winter über nach Portugal reisen könnten, wo es billig war und die Sonne schien.

Zum drittenmal in Amerika

Mit der «SS United States» fuhr Dylan nach New York, landete dort am 21. April 1953 und begab sich sofort zu seinem Lieblingshotel «Chelsea» und in seine Lieblingskneipe, die «White Horse Tavern» in der Hudson Street. Dylans Hauptsorge war es, das Stück, an dem er schon so lange gearbeitet hatte, in eine theatergerechte Form zu bringen. Lesungen führten ihn in die Umgebung von Boston und nach Boston selbst, wo er am Memorial Drive 100 bei John Brinnin wohnte und die Ruhe fand, von Zeit zu Zeit an dem Stück zu arbeiten, mit Blick aus dem bunten Fenster über das Charles River Basin auf die goldene Kuppel des State House. Er machte Abstecher nach den Colleges Bennington, Syracuse und Williams und kehrte dann zu der Ein-Mann-Aufführung von *Unter dem Milchwald* nach Boston zurück. Die Welturaufführung des Stücks wurde vom Poet's Theatre in Cambridge veranstaltet; sie fand am 3. Mai 1953 im Fogg Museum statt.

Der erste Anstoß zu *Unter dem Milchwald* war eine Idee gewesen, die Dylan während jener wunderbaren, kurzen Jahre in Swansea – 1933 und 1934 – hatte, in denen wohl die Saat für sein ganzes Leben aufging und tiefe Wurzeln schlug; nach und nach entwickelte sich in den folgenden zwanzig Jahren seines Lebens daraus ein Meisterwerk. Schon am Strand der Bucht von Caswell pflegte er Bert und Nell Trick von dem Sketch zu erzählen, den er im Kopf hatte; Zentrum der Handlung war die Häuserreihe einer Hangstraße in einer Küstenstadt in Wales. Die verschiedenen Bewohner traten vor die Haustüren, benahmen sich jeder auf seine Weise und sprachen ihre Gedanken aus; der Ort hieß Llareggub.

Das nächste Stadium war ein Auftrag der BBC im Jahre 1945; Dylan sollte ein Hörspiel schreiben. Er wohnte in New Quay in Cardiganshire; so kam er auf seine frühere Idee zurück, das Leben in einer walisischen Kleinstadt zu schildern. Das ursprüngliche Vorbild, Swansea, durch den Aufenthalt in Laugharne ab 1938 bereits abgewandelt, wurde so ein weiteres Mal abgewandelt. Als die Prosafassung vollendet war, nannte er sie *Quite Early One Morning*: *Sehr früh in Wales an einem Wintermorgen am Meer, das nach einer Nacht pechschwarzen Brüllens und Wogens still und grün wie Gras dalag, trat ich vors Haus...* Diese frühe Fassung enthält den ganzen Aufbau des Stücks in nuce. Sie erstreckt sich über einen ähnlichen Zeitraum; allerdings spielt sie nur vormittags und statt im Frühling im Winter. Die schlafende Stadt träumt; die Schlafenden stehen auf und gehen an ihre Geschäfte. Sogar einige Zeilen der späteren Fassung kommen bereits vor, etwa wenn die Dame ihren beiden Ehemännern Anweisungen gibt: *Ich bin Mrs. Ogmore-Pritchard und werde noch ein Nickerchen machen. Staubt das Porzellan ab, füttert den Kanarienvogel, fegt das Wohnzimmer. Und wenn ihr die Sonne einlaßt, achtet darauf, daß sie sich die Füße abputzt!*

Dies Prosa-Hörspiel hatte so viel Erfolg, daß Dylan beschloß, eine ausführliche Fassung zu schreiben. Er schwankte zwischen Hörspiel und Bühnenstück; eine Zeitlang plante er, eine Spielhandlung hineinzuarbeiten. Daniel Jones, der später die Musik dazu schrieb, gibt an, es habe sich um einen Konflikt zwischen Llareggub und der übrigen Welt gehandelt – «zwischen den Exzentrikern, stark durch ihre Eigenart und Freiheit, und den Vernünftigen, die alles der Anpassung aufopfern. Da es schwer wäre, die ganze Bevölkerung von Llareggub in einer Verrücktenanstalt unterzubringen, beschließt die Welt der ‹Gescheiten›, die Stadt zum ‹anomalen Gebiet› zu erklären und allen Verkehr, alle Lieferungen um sie herumzuleiten. Captain Cat, der Wortführer der empörten Einwohnerschaft, besteht darauf, daß die geistige Gesundheit der Stadt im Rathaussaal unter Einhaltung aller juristischen Formalitäten gerichtlich festgestellt werde; er selbst will die Verteidigung führen; die Bürger sollen die Zeugen sein. Die Gerichtsverhandlung findet statt, endet aber mit einer Überraschung: im Schlußplädoyer gibt die Anklage eine ausführliche und genaue Beschreibung des Idealfalls einer geistig gesunden Stadt; als sie dies hören, ziehen die Leute von Llareggub ihre Verteidigung zurück und beantragen, schnellstens von der normalen Welt abgeschlossen zu werden.»[55]

1949 arbeitete Dylan im Boat House intensiv an *The Town That Was Mad*; so lautete der zweite Titel. Doch der Rahmen der Spielhandlung erschien ihm nun überflüssig; er kehrte zu dem ursprünglichen Aufbau des Funkmanuskripts zurück, um anstatt eines Bühnenstücks ein Hörspiel zu schreiben, das sich nur über einen vollen Tag von der Morgendämmerung bis zum Dunkelwerden erstreckt.

Auf die Ein-Mann-Aufführung des Hörspiels in Cambridge sollte in weniger als zehn Tagen eine Aufführung in New York mit vollständiger Besetzung folgen, bei der Dylan die Rolle des Erzählers übernahm. John Brinnin hatte Elizabeth Reitell, seine Mitarbeiterin, beauftragt, die Regieassistenz während der Einstudierung mit der Besetzung des Poetry Center zu übernehmen, die zusammen mit Dylan spielen sollte. Liz, wie sie von allen genannt wurde, hatte die Schauspieler engagiert und mit den Proben bereits begonnen, bevor Dylan in Amerika eintraf; sie arbeitete auch bei der weiteren Vorbereitung der Aufführung eng mit ihm zusammen. Dylan, wie immer perfektionistisch in allem, was seine Kunst an-

Elizabeth Reitell

langte, arbeitete bis zum letzten Tag in Rollie McKennas New Yorker Apartment, nicht weit von der Y. M. H. A., an seinem Manuskript. John Brinnin schildert die letzten Vorarbeiten so:

«Zusammen mit zwei Maschinenschreiberinnen arbeiteten sie von fünf bis sieben. Wenn ein neuer Manuskriptteil fertig war, übergab Dylan ihn Liz; Liz sah ihn durch, machte die unlesbaren Passagen leserlich und gab sie an die Schreibkräfte weiter. Doch plötzlich, mitten im Glätten und Kürzen, gab Dylan auf; er sei krank und schlapp, er könne einfach nicht mehr. Da das letzte Drittel des Stücks noch ungeordnet und erst teilweise niedergeschrieben war, meinte Liz, dann müsse die Aufführung am Abend abgesagt werden; sie oder ich müßte vor das Publikum treten und dies bekanntgeben. Als sie das Dylan sagte, sagte er, das sei unvorstellbar, vollkommen unvorstellbar. Nun legte er sich ins Zeug und stellte in gelassener Entschlossenheit Szene auf Szene fertig. Trotz aller Anstrengung in letzter Minute mußte er endlich die Hoffnung aufgeben, das Werk rechtzeitig zur Premiere zu vollenden. Aber er erdachte in jenem letzten Augenblick wenigstens einen provisorischen Schluß, der seinen Zweck erfüllte. Zwanzig Minuten vor Aufgehen des Vorhangs bekamen die Schauspieler noch immer Varianten von *Unter dem Milchwald* in die Hand gedrückt, während sie sich schminkten, ihre Texte lasen und ihre neuen Stichworte aneinander ausprobierten. Erst als sie dabei waren, auf

Dylan führt Regie («Under Milk Wood»)

der Bühne ihre Plätze einzunehmen, bekamen einige Sprecher die allerletzten Zeilen ihrer Rolle in die Hände.»[56]

Die Aufführung am 14. Mai 1953 fand großen Widerhall. Da es im Poetry Center üblich ist, alle Dichterlesungen auf Band mitzuschneiden, ist sie heute glücklicherweise auf Schallplatten festgehalten.

Nach seiner Vortragsreise durch die Colleges – das letzte war Amherst College am 20. Mai – kehrte Dylan nach Boston zu John Brinnin zurück, wo er unter anderem über ein neues Stück nachdachte, das er «Two Streets» nennen wollte. Es sollte in einer kleinen südwalisischen Industriestadt spielen und vom Leben zweier Familien handeln, die in benachbarten Straßen wohnten, ohne einander zu kennen. Das Stück beginnt nicht mit Worten, sondern mit Schreien: den Schreien von gebärenden Frauen und von Neugeborenen. Der einen Familie wird ein Junge geboren, der anderen ein Mädchen. Jeder auf seiner Bühnenseite, führen nun die jungen Menschen ihr getrenntes, aber unbewußt miteinander verquicktes Dasein. Sie leben ereignislos dahin und warten auf die Erfüllung ihres großen Lebenshungers; alltägliche Tage und Jahre schwinden dahin; Hunderte von Malen gehen sie aneinander vorüber; aber nie begegnen sie sich. Erst zuallerletzt, als es zu spät ist, lernen sie sich in einem Tanzsaal auf der Bühnenmitte kennen. Es war die Liebesgeschichte zweier Menschen, die nie ein Liebespaar wurden.

Aber der Zukunftsplan, der Dylan am meisten begeisterte, war der in Boston entstandene Gedanke an eine Oper. Dylan wurde in Brinnins Wohnung eines Tages von einem Vertreter Igor Strawinskys angerufen. Strawinsky hatte soeben eine Inszenierung von «The Rake's Progress» mit Studenten der Universität Boston dirigiert. Dekan Robert A. Choate, Leiter der der Universität angegliederten Hochschule für Bildende und Angewandte Künste, war zusammen mit der Leiterin seiner Opernabteilung, Sarah Caldwell, dabei, die Möglichkeiten zu prüfen, im Namen der Bostoner Universität eine neue Oper in Auftrag zu geben. Strawinsky, der von dem Können der Bostoner Musikstudenten begeistert gewesen war, ging sofort auf den Gedanken ein. Gefragt, wen er sich als Librettisten wünsche, sagte er: «Da kommt nur einer in Frage, der beste lebende Schriftsteller, Dylan Thomas!» Bis zum Zeitpunkt seines Zusammentreffens mit Strawinsky hatte Dylan bereits einen Entwurf für das Libretto fertig. Wie er Brinnin später erzählte, handelte es sich um eine «Neuschöpfung der Welt – eine Oper über den einzigen Mann und die einzige Frau auf Erden. Diese beiden Wesen könnten Besucher aus dem Weltraum sein, die sich infolge eines kosmischen Unglücks auf einer kürzlich durch einen Weltkrieg verwüsteten und zum Schweigen gebrachten Erde wiederfinden; oder es könnten Erdbewohner sein, die irgendwie einen atomaren Rechenfehler überstanden haben. In jedem Fall erleben sie das ganze beginnende Leben neu. Mit ihnen entsteht eine neue Welt. Angesichts eines Baums, der sich durch radioaktiven Staub emporkämpft, müßten sie einen Namen für ihn finden und lernen, wie man ihn nutzen kann; ebenso müßten sie für alle Dinge auf Erden neue Namen und neue Begriffe finden. Als Bühnenbild dachte er an eine phantastische Landschaft, Formen und Farben wie aus Träumen von Primitiven, und sogar singende Felsen und Bäume.» [57]

Dylan holte Mrs. Caldwell ab und fuhr mit ihr zu dem vereinbarten Treffpunkt mit dem Komponisten, dem Bostoner Hotel «Sheraton Plaza». Strawinsky war an diesem Tag krank und mußte das Bett hüten. Dylan erstarb fast vor Ehrfurcht bei dem Gedanken an ein Zusammentreffen mit Strawinsky. So verlief das Gespräch zunächst sehr förmlich, bis der Ältere sagte: «Ich steige in Boston deswegen immer im ‹Sheraton› ab, weil es einen so ausgezeichneten Weinkeller hat. Darf ich uns etwas zu trinken kommen lassen?» Das Eis war gebrochen, die Unterhaltung kam in Fluß, und beide stellten fest, daß sie einander ungemein sympathisch waren. Dylan wünschte sich eine Musik, die ebenso stark sein sollte wie «Le Sacre du Printemps»; doch Strawinsky experimentierte gerade mit seriellen Kompositionsmethoden und hätte gern diesen Stil verwendet. Dylan sollte den Sommer hindurch über den Plan einer Oper nachdenken und möglichst im Herbst wiederkommen, um in Hollywood im Haus Strawinkys direkt mit dem Komponisten zusammenzuarbeiten.

Die ganze Opernangelegenheit befand sich noch im Stadium der Vorplanung. Man sprach von einem eventuellen Honorar von 4000 Dollar für Dylan und 20 000 Dollar für Strawinsky. Professor Choate wollte versuchen, das Geld durch eine Sammlung bei den B. U. Friends of Music aufzubringen, dem Freundes- und Geldgeberkreis der Musikabteilung der Bostoner Universität. Bis zu diesem Punkt war die Sache gediehen. Strawinsky ließ bei seinem Haus einen Anbau errichten, in dem Dylan wohnen und arbeiten sollte. Bis zum Herbst hoffte die Universität die nötigen Geldmittel aufgebracht zu haben, um einen förmlichen Vertrag abschließen zu können. Aber zu dieser fruchtbaren Zusammenarbeit sollte es nicht mehr kommen.

Das Ende

Nach der letzten Aufführung von *Unter dem Milchwald* bei der Y. M. H. A. am 28. März kehrte Dylan nach Laugharne ins Boat House zurück. Während des Sommers überarbeitete er das Stück erneut für die Buchausgabe und den Funk, schrieb an seinem Roman *Adventures in the Skin Trade* (den er seit 1941 unter der Feder hatte), und beschäftigte sich spielerisch mit weiteren Einfällen für die Oper. Im September kamen Rollie McKenna und John Brinnin, die in England Ferien machten, nach Laugharne. Sie besuchten die Thomas; Rollie vervollständigte die Fotoserie, die sie im Vorjahr in Millbrook begonnen hatte. Dylan hatte in immer kürzeren Abständen Bewußtseinsstörungen. Der Arzt hatte ihm mehr als einmal nahegelegt, sich jeden Alkoholgenusses zu enthalten, wenn er am Leben bleiben wolle. In seiner ersten Londoner Zeit hatte Dylan mehrmals im Krankenhaus gelegen; danach brachte er es jeweils kürzere Zeit fertig, das Trinken zu lassen; aber das dauerte nie lange. Jetzt zeigten sich die Auswirkungen des Alkohols: Äderchen im Gehirn fielen aus, und Dylan war für kurze Zeit bewußtlos. Wieder stritten Dylan und Caitlin darüber, ob es ratsam sei, nochmals, zum viertenmal, nach Amerika zu fahren. Endlich entschlossen sie sich: Dylan sollte nur wenige hochbezahlte Dichterlesungen halten, um Geld zu beschaffen (im November würde Dylan einen Vertrag mit einem amerikanischen Agenten unterzeichnen, der ihm 1000 Dollar pro Woche garantierte); Caitlin und Colm sollten ihm dann später nach Kalifornien folgen.

So flog Dylan am 19. Oktober 1953 nach New York, um die Proben der erweiterten Fassung von *Unter dem Milchwald* zu leiten. Obgleich es ihm nicht gut ging, wirkte er bei der dritten und vierten Aufführung des Stücks in der Y. M. H. A. mit; es waren beide Male Sensationen. Am 28. Oktober hielt er eine Dichterlesung im City College of New York; abends nahm er an einem Symposion über Filmkunst des Cinema 16 teil. An einem Abend kurz darauf entdeckte Dylan bei einem Spaziergang mit Liz Reitell in Greewich Village ein riesiges Plakat mit der Ankündigung des Films «Houdini». Er machte Liz darauf aufmerksam und erzählte, dieser Zauberer habe ihn immer fasziniert durch seine fabelhaften Entfesselungsakte, mit deren Hilfe er sich aus den vielen raffinierten

Fallen befreite, in die er vorher freiwillig gegangen war. Das Entsetzlichste im Leben, sagte Dylan, der Schrecken aller Schrecken sei das Gefühl, hoffnungslos in der Falle zu sitzen. Über dieses Thema werde er einmal schreiben; er sei sogar, sagte er, mit einem Prosastück über einen «Entfesselungskünstler» schon recht weit gediehen.

Aber aus Dylans Krankheit sollte es keine Befreiung geben. Bald darauf mußte er eine Probe verlassen und fiel unter heftigen Zuckungen hin. *Ich kann nie mehr irgendwas machen,* sagte er. *Ich bin zu allem zu müde. Ich kann nicht essen, ich kann nicht trinken, ich bin sogar zum Schlafen zu müde!* Er legte sich auf die Couch. *Heute nacht hab ich die Tore der Hölle offen gesehen,* sagte er. *Ach, aber ich möchte doch so gern weitermachen – noch zehn Jahre wenigstens. Nur nicht als verfluchter Krüppel, nicht als verfluchter Krüppel!* Er stöhnte und drehte das Gesicht zur Wand. *Mir ist zu oft zu übel.*

Etwas später am gleichen Abend ging Liz ins «Chelsea Hotel» mit Herb Hannum, einem jungen Mann, der Dylan häufig Gesellschaft leistete. Liz

Igor Strawinsky

«Guilt and grief and illness»

heiratete ihn später. Dylan sagte zu den beiden: *Ich bin zu dem melancho-lischen Schluß gekommen, daß meine Gesundheit vollkommen hin ist. Ich kann überhaupt nicht mehr trinken. Vorher konnte ich das immer . . . aber jetzt kann ich meistens nicht einmal Bier schlucken, ohne mich zu über-geben. Ich sage mir, wenn ich nur mit Whisky aufhören und mich an Bier halten würde, würde es mir besser gehen . . . aber ich schaffe es nicht. Ich hab wohl nur zu lange vergessen, zu schlafen und zu essen. Mit irgendwas muß ich aufhören!*

Ende Oktober-Anfang November verschlimmerte sich Dylans Krank-heit von Tag zu Tag. Am Morgen des 3. November sprachen Ruthven Todd und Herb Hannum im «Chelsea Hotel» vor. Nachdem sie gegangen waren, sprachen Dylan und Liz Reitell mit dem künftigen Agenten für die Dichterlesungen über den Vertrag, in dem sehr hohe Honorare verein-bart wurden. Hinterher wirkte Dylan erschöpft, in sich gekehrt und depri-miert. Nichtsdestoweniger gingen er und Liz am Nachmittag zu Santha Rama Rau und ihrem Gatten auf eine Cocktailparty; danach fühlte er sich jedoch schwach und konnte nicht mit Liz und einigen anderen ins Theater gehen, wie verabredet. Statt dessen kehrten sie ins «Chelsea Ho-

tel» zurück, wo er offensichtlich in höchster körperlicher und seelischer Qual zu Liz sagte: *Ich möchte in den Garten Eden kommen... sterben... auf immer ohne Bewußtsein sein... Weißt du, ich vergöttere meinen kleinen Sohn... Ich kann den Gedanken nicht ertragen, daß ich ihn nie wiedersehen soll... Er hat es nicht verdient... Er hat nicht verdient, daß ich sterben will. Ich möchte wirklich sterben!* Über Caitlin sagte er: *Du kannst dir nicht vorstellen, wie schön sie ist. Sie verbreitet ein Leuchten um sich – sie strahlt!* Nach unruhigem Schlaf, in dem er zusammenhanglose Sätze murmelte, richtete er sich auf und sagte mit wildem Blick: *Ich muß was trinken!* Er ging allein fort. Eineinhalb Stunden später kehrte er zurück und verkündete: *Ich habe achtzehn Gläser Whisky pur getrunken. Ich glaube, das ist der Rekord!*[58]

Am nächsten Morgen erwachte er, wie er sagte, mit dem Gefühl, er müsse ersticken. Über Tag verschlimmerte sich sein Zustand; seine Bekannten riefen den Arzt, den er schon früher zu Rate gezogen hatte, Dr. Milton Feltenstein. Die verschriebenen Medikamente verschafften ihm nur ganz geringfügige Erleichterung; Übelkeit und Brechreiz hielten an. Am späten Abend des 4. November begann die letzte Phase. Ein Anruf bei Dr. Feltenstein schaffte einen Krankenwagen herbei, der Dylan ins St. Vinzenz-Hospital brachte. Dort lag Dylan in einem Koma, das fünf Tage währen sollte.

In Laugharne wohnte Caitlin an diesem Abend einer Veranstaltung in der Schulaula bei; man hörte eine Dokumentarsendung über den Ort. Dylan hatte eine Huldigung an die *zeitlose, herrliche Stadt* auf Band gesprochen und beigesteuert, wo er *fünfzehn Jahre – oder Jahrhunderte* gelebt habe. Aneirin Talfan Davies, der Veranstalter des Abends, beschloß die Sendung gerade mit einer Würdigung des Dichters, als Caitlin die Nachricht erhielt, ihr Mann liege bewußtlos im Krankenhaus. Sie traf Anstalten, sofort nach New York zu fliegen; aber als sie ankam, stand Dylan, noch immer im Koma, schon an der Schwelle des Todes; am 9. November starb er.

Etwa 400 Menschen nahmen an dem Gedächtnisgottesdienst in New York teil (St. Luke's Episcopal Chapel, Trinity Parish). Caitlin fuhr mit dem Sarg ihres Mannes auf der «SS United States» nach Laugharne zurück. Der Begräbniszug am 24. November nahm seinen Ausgang vom Haus der Mutter. Da die Tür zu schmal war, hoben sechs Freunde aus Laugharne den Sarg durch das Vorderfenster auf den wartenden Leichenwagen. Am Anfang des Zugs fuhr ein Auto, in dem Caitlin und Dylans langjähriger Freund aus Swansea, Daniel Jones, saßen. Seine Mutter, die in weniger als einem Jahr den Mann, die Tochter Nancy (in Indien) und nun den Sohn verloren hatte, war selbst krank und fuhr nicht mit, sondern sah von der Haustür aus dem Zug nach. Die Trauernden gingen zu Fuß die Dorfstraße hinunter zum Friedhof St. Martin. Sie zogen durch einen gepflasterten Torweg, erklommen einen steilen 100 Meter langen Pfad und kamen an die mittelalterliche Dorfkiche St. Martin. Die Kirche war voll von Dylans Freunden und Verwandten, darunter Mrs. Macnamara, Nicolette Macnamara Devas, Louis MacNeice, Vernon Watkins, Alfred Janes, Margaret Taylor, Ivy und Ebbie Williams, Aneirin Davies, Keidrych Fisher, Robert Pocock und John Davenport. Die Trauerfeier war schlicht.

Caitlin,
die Witwe

Nach dem Lied «Blessed Are the Pure in Heart» verlas Pastor J. R. Williams, der Hauptpfarrer von Pendine, einen Psalm. Der alte Pfarrer von Laugharne, S. B. Williams, sprach die Sätze des Paulus über den Tod (1. Korinther 15); der Gottesdienst schloß mit dem Kirchenlied «Forever with the Lord» und einem Gebet. Dann wurde der Sarg vom Altar gehoben und durch den efeuüberwucherten Kirchhof über eine alte Steinbrücke höher den steilen Hang hinaufgetragen und in das Grab hinuntergelassen. Jenseits des Tals weideten friedlich Kühe und Schafe. In der Nähe fingen plötzlich die Hähne laut an zu krähen, als verkündeten sie einen neuen Anfang, dem Dylan Thomas entgegen schritt.

Fern Hill

Now as I was young and easy under the apple boughs
About the lilting house and happy as the grass was green,
  The night above the dingle starry,
    Time let me hail and climb
  Golden in the heydays of his eyes,
And honoured among wagons I was prince of the apple towns
And once below a time I lordly had the trees and leaves
    Trail with daisies and barley
  Down the rivers of the windfall light.

And as I was green and carefree, famous among the barns
About the happy yard and singing as the farm was home,
  In the sun that is young once only,
    Time let me play and be
  Golden in the mercy of his means,
And green and golden I was huntsman and herdsman, the calves
Sang to my horn, the foxes on the hills barked clear and cold,
    And the sabbath rang slowly
  In the pebbles of the holy streams.

All the sun long it was running, it was lovely, the hay
Fields high as the house, the tunes from the chimneys, it was air
    And playing, lovely and watery
      And fire green as grass.
    And nightly under the simple stars
  As I rode to sleep the owls were bearing the farm away,
  All the moon long I heard, blessed among stables, the nightjars
    Flying with the ricks, and the horses
      Flashing into the dark.

  And then to awake, and the farm, like a wanderer white
  With the dew, come back, cock on his shoulder: it was all
    Shining, it was Adam and maiden,
      The sky gathered again
    And the sun grew round that very day.
  So it must have been after the birth of the simple light
  In the first, spinning place, the spellbound horses walking warm
    Out of the whinnying green stable
      On to the fields of praise.

  And honoured among and pheasants by the gay house
  Under the new made clouds and happy as the heart was long,
    In the sun born over and over,

Der Kirchhof St. Martin in Laugharne

> I ran my heedless ways,
> My wishes raced through the house high hay
> And nothing I cared, at my sky blue trades, that time allows
> In all his tuneful turning so few and such morning songs
> Before the chrildren green and golden
> Follow him out of grace,
>
> Nothing I cared, in the lamb white days, that time would take me
> Up to the swallow thronged loft by the shadow of my hand,
> In the moon that is always rising,
> Nor that riding to sleep
> I should hear him fly with the high fields
> And wake to the farm forever fled from the childless land.
> Oh as I was young and easy in the mercy of his means,
> Time held me green and dying
> Though I sang in my chains like the sea.

Fern Hill

Als ich noch jung war und leicht unter den Apfelzweigen
Rund um das trällernde Haus, und so glücklich war wie das Gras grün

   Und die Nacht überm Talgrund voll Sternen,
      Ließ Schwager Zeit mich Holla rufen und klettern
   Golden in seiner Augen Erntezeit,
Und geehrt bei den Heuwagen war ich der Prinz der Apfelstädte
Und einmal vor tiefer Zeit gebot ich den Bäumen und Blättern
      Mit Maßliebchen und Gerste
   Die Flüsse des unreif fallenden Lichtes hinunterzuziehn.

Und als ich grün war und sorglos, berühmt bei den Scheunen
Rund um den lustigen Hof, und so singend wie ich zu Haus war,
   In der Sonne, die einmal nur jung ist,
      Ließ Schwager Zeit mich spielen und sein
   Golden in der Gnade seiner Kräfte,
Und grün und golden war ich Jäger und Hirt, die Kälber
Sangen zu meinem Horn, auf den Hügeln die Füchse bellten klar und kalt,
      Und der Sabbat läutete langsam
   In den Kieseln der heiligen Bäche.

Die ganze Sonne lang war es Rennen und war es fröhlich, die Heu-
Felder hoch wie das Haus, aus den Schornsteinen Lieder, und Luft war
   Und Spielen, Wasser und Funkeln
      Und Feuer grün wie Gras.
   Und nachts, unter den einfachen Sternen
Wenn ich schlafen ritt, trugen die Eulen den Hof davon,
Den ganzen Mond lang hörte ich, benedeit bei den Ställen die Nacht-
                                                      schwalben
   Fliegen mit Heuschobern, und die Pferde
      Flitzten ins Dunkel.

Und dann zu erwachen, und der Hof, wie ein Wandrer vom Tau
   Weiß, wieder da, mit dem Hahn auf der Schulter. Das war alles
      Leuchten, das war Adam und junge Frau,
         Der Himmel wieder gesammelt
      Und die Sonne wurde am selben Tag rund.
   So muß es gewesen sein nach des einfachen Lichtes Geburt
Am ersten Ort, wo man spann, als die Pferde, bezaubert und warm
      Hinausgingen aus dem Wiehern des grünen Stalles
         Auf die Felder voll Dank.

Und geehrt bei Füchsen und Fasanen ums lustige Haus,
Unter neugemachten Wolken und so glücklich wie das Herz lang war,
   In der Sonne geboren wieder und wieder,
     Lief ich meiner achtlosen Pfade.
   Meine Wünsche jagten durchs haushohe Heu,
Und mir lag nichts dran, himmelblau wie ich war, warum Schwager Zeit
In all seinem schallenden Walten so wenig und nur solche Morgenlieder
   Erlaubt, bevor die Kinder grün und golden
     Ihm folgen fort aus der Gnade,

Mir lag nichts dran, in den lammweißen Tagen, daß Schwager Zeit mich
                                   hinauf
Zum Schwalbenschlag führen würde am Schatten meiner Hand
   Im Mond, der immerzu steigt,
     Noch, daß ich ihn beim Schlafenreiten je
     Fliegen hören würde mit hohen Feldern
Und erwachen und finden den Hof für immer entflohen dem kindlosen
                                     Land.
Oh, als ich jung war und leicht in seiner gewaltigen Kräfte Gnade,
     Hielt Schwager Zeit mich, grün und sterbend,
     Ob ich auch sang in meinen Ketten wie die See.

(Übersetzt von Erich Fried)

Dylan Thomas

Anmerkungen

1 Dylan Thomas: *Reminiscences of Childhood* und *Return Journey* aus: *Quite Early Morning*, S. 13–14, 89

2 Dylan Thomas: *Return Journey*, a. a. O., S. 86–87

3 Daniel Jones: «Dylan Thomas: Memories and Appreciations» in: «Encounter», Januar 1954, S. 9–10

4 Dylan Thomas: *Return Journey,* a. a. O., S. 84

5 Ebd., S. 71

6 A. E. Trick in einem Brief an den Verfasser

7 Ebd.

8 J. D. Williams, zit. n. «The Swan: Magazine of the Swansea Training College», März 1958, S. 19

9 Ebd.

10 Pamela Hansford Johnson: «Memoir» in: «Adam International Review» 238 (1953), S. 24

11 Runia Sheila MacLeod: «The Dylan I Knew» in: «Adam International Review» 238 (1953), S. 21

12 Ebd., S. 23

13 A. E. Trick in einem Brief an den Verfasser

14 Dylan Thomas: *A Painter's Studio* in: «Texas Quarterly», Winter 1961, S. 56–57

15 Rayner Heppenstall, Besprechung von *18 Poems* in: «Adelphi», Februar 1935, S. 314–315

16 Edwin Muir, Besprechung von *18 Poems* in: «The Listener», 27. Februar 1935, S. 381

17 Geoffrey Grigson, Besprechung von *18 Poems* in: «New Verse», Februar 1935, S. 22

18 Edith Sitwell: «Four New Poets» in: «London Mercur», Februar 1936, S. 388

19 Geoffrey Grigson: «Recollections of Dylan Thomas» in: «London Magazine», September 1957, S. 41

20 Ebd., S. 44

21 Dylan Thomas: *Letters to Lawrence Durrell* aus: «Two Cities», 15. Mai 1960, S. 2

22 Dylan Thomas, Brief vom 20. April 1936 aus: *Letters to Vernon Watkins*, S. 23

23 Ebd., S. 12

24 Besprechung von *Twenty-Five Poems* in: «Times Literary Supplement», 19. September 1936, S. 750

25 Rhys Davies: «Portrait of the Artist» in: «Life and Letters Today», März 1940, S. 338

26 Dylan Thomas, Brief vom 2. November 1939 an Rayner Heppenstall in: «Four Absentees», S. 150

27 Dylan Thomas: *Our Country* aus: «Documentary News Letter», Bd. 5 (1944), S. 96

28 Dylan Thomas, Brief vom 28. März 1945: *Seven Letters to Oscar Williams* aus: «New World Writing No. 7», April 1955, S. 129

29 Ralph Maud: «Entrances to Dylan Thomas' Poetry», S. 5

30 Denis Botterill, Besprechung von *Deaths and Entrances* in: «Life and Letters», November 1946, S. 93

31 Dylan Thomas, Brief vom 26. August 1946 aus: *Letters to Vernon Watkins*, S. 135

32 John Arlott: «Dylan Thomas and

Radio» in: «Adelphi», Bd. 30 (1954), S. 123

33 Louis MacNeice: «Dylan Thomas: Memories and Appreciations» in: «Encounter», Januar 1954, S. 12

34 Roy Campbell: «Memories of Dylan Thomas at the B. B. C.» in: «Poetry», November 1955, S. 113

35 Dylan Thomas, Brief vom 21. März 1938 aus: *Letters to Vernon Watkins*, S. 37

36 Caitlin Thomas: «Leftover Life to Kill», S. 57, 64

37 Dylan Thomas, zit. n. Miron Grindea: «Memoir» in: «Adam International Review» 238 (1953), S. 25

38 Mario Luzi: «Memoir» in: «Adam International Review» 238 (1953), S. 25

39 Jan Read, aus einem ungedruckten Vorwort zu *The Beach of Falesá*

40 Dylan Thomas: *Oh Weep for Adonais*, Brief an Elizabeth Lutyens in: «Adam International Review» 238 (1953), S. 3

41 Cordelia Locke in einem Brief an den Verfasser

42 Dylan Thomas: *The Cost of Letters* in: «Horizon», September 1946, S. 174

43 Caitlin Thomas: «Leftover Life to Kill», S. 64

44 Jack Lindsay in einem Brief an den Verfasser

45 Dylan Thomas: *The Cost of Letters* in: «Horizon», September 1946, S. 175

46 Dylan Thomas in einem Brief an John Malcolm Brinnin aus: «Dylan Thomas in America», S. 31–32

47 Ebd., S. 52–53

48 Dylan Thomas, Brief vom 25. März 1951: *Seven Letters to Oscar Williams*, a. a. O., S. 135

49 Dylan Thomas in einem Brief an John Malcolm Brinnin aus: «Dylan Thomas in America», S. 97

50 Dylan Thomas, Brief vom 28. Mai 1951: *Seven Letters to Oscar Williams*, a. a. O., S. 136

51 Dylan Thomas, zit. n. Vernon Watkins: «Elegy» in: «Ecounter», Februar 1956, S. 31

52 Dylan Thomas, Brief vom 3. Dezember 1951 an John Malcolm Brinnin aus: «Dylan Thomas in America», S. 131

53 E. F. Bozman: «Dylan Thomas» in: «Books», Dezember 1953, S. 114 bis 115

54 Dylan Thomas, Brief vom 6. November 1952 an Marguerite Caetani: «Three Letters» in: «Botteghe Oscure» XIII (1954), S. 97 bis 100

55 Daniel Jones, Vorwort in: *Under Milk Wood*, S. IX

56 John Malcolm Brinnin: «Dylan Thomas in America», S. 208

57 Ebd., S. 216

58 Ebd., S. 249, 252, 271

Zu den Namen

Die Aussprache walisischer Namen ist für den Nicht-Waliser bekanntlich schwierig; folgende Anmerkungen mögen dabei hilfreich sein: der Name «Dylan» reimt sich, wie Dylan Thomas versichert, auf «chillun» (dt. also Dillann), trotz der bei Walisern üblichen Aussprache als «dullen». Die erste Silbe von «Caitlin» spricht sich wie «cat» (dt. kätt). «Aeron» (dt. Airen) reimt sich auf «Byron». «Colm» klingt wie «column» – das ‹l› wird deutlich artikuliert. Bei «Rhossilli», ausgesprochen wie «ross-silly», liegt die Betonung auf der zweiten Silbe. «Gower» spricht sich ähnlich wie deutsch «Schauer». «Cwmdonkin» sprich «koom-don'kin» (dt. kumdankin). «Llangain» wird auf der zweiten Silbe betont, die sich auf «mime» (dt. Main) reimt; am rauhen Laut des Doppel-L am Anfang versuchen sich tunlichst nur Waliser. «Laugharne», auch «Lacharn» geschrieben, hat nur eine Silbe: «larn» (dt. lahn).

Zeittafel

1914	Dylan Marlais Thomas wird am 27. Oktober in Swansea, Grafschaft Glamorganshire in Südwales, als jüngstes Kind des Gymnasiallehrers David John Thomas geboren.
1925–1931	Nach der Vorschule Besuch des Gymnasiums in Swansea. Im Dezember wird zum erstenmal ein Gedicht von ihm, *The Song of the Mischievous Dog*, in der Schülerzeitung gedruckt.
1929	Thomas wird Mitarbeiter, später Redakteur und Chefredakteur der Schülerzeitung.
1931	Thomas verläßt das Gymnasium ohne Abschlußprüfung außer im Fach Englisch und beginnt als Korrektor und Jungreporter bei der «South Wales Daily Post» und dem «Herald of Wales». – Er übernimmt Rollen in verschiedenen Aufführungen kleinerer Theatergruppen. – Die meisten Gedichte seiner ersten beiden Bände entstehen.
1933	Erste Veröffentlichung in einer größeren Zeitschrift, «The New English Weekly»: *And Death Shall Have No Dominion*. – *That Sanity Be Kept* gewinnt im September, *The Force that through the Green Fuse Drives the Flower* im Oktober jeweils den ersten Preis in der Poet's Corner der Zeitschrift «The Sunday Referee».
1934	Umzug nach London und weitere Veröffentlichungen in Londoner Zeitschriften. – Mit finanzieller Unterstützung des «Sunday Referee» erscheint im Dezember *18 Poems*.
1936	*Twenty-five Poems* erscheint im September bei Dent, wo auch die meisten der folgenden Werke verlegt werden. – Edith Sitwell bespricht die Gedichte positiv.
1937	Thomas heiratet Caitlin Macnamara. Aufenthalt in Cornwall, London, Hampshire und Wales.
1939	Im August erscheint *The Map of Love*, Sammelband mit sieben Erzählungen und sechzehn Gedichten. – Bei New Directions, New York, erscheint im Dezember *The World I Breathe* mit Gedichten und Erzählungen.
1940	April: *Portrait of the Artist as a Young Dog*. – Mit John Davenport Arbeit an nicht veröffentlichtem Kriminalroman *The Death of the King's Canary*.
Seit 1940	Mitarbeiter der BBC; Dichterlesungen, eigene Gedichte und Radio-Essays in verschiedenen Programmen; Funkerzählungen, z. B. *Memories of Christmas, Quite Early One Morning* (1945), *Holiday Memory* (1946).
1940–1944	Mitarbeiter der Strand Films of Golden Square (später Gryphon

Films); Arbeit u. a. an Drehbüchern für Dokumentar- und Kulturfilme, z. B. *Our Country* (1944).

1946   Im Februar erscheint *Deaths and Entrances*, im November bei New Directions *Selected Writings* mit einer Einführung von John L. Sweeney.

1947–1948   Bei der Rank-Firma Gainsborough Films Arbeit an Drehbüchern für Spielfilme, u. a. *The Beach of Falesá* nach der Kurzgeschichte von R. L. Stevenson (1963 gedruckt erschienen).

1949   März: Teilnahme am kommunistischen Schriftstellerkongreß in Prag.

Seit 1949   Thomas lebt mit seiner Familie in Laugharne, Südwales.

1950   21. Februar–31. Mai: 1. Vortragsreise in Amerika.

1951   Persien-Reise für einen Dokumentarfilm im Auftrag der Anglo-Iranian Oil Company.

1952   20. Januar–16. März: 2. Vortragsreise in Amerika. – Februar: Bei New Directions erscheinen sechs Gedichte unter dem Titel *In Country Sleep*. – Vorbereitung des Drehbuchs *The Doctor and the Devils* für den Druck (1953 erschienen). – November: *Collected Poems* erscheint (die amerikanische Ausgabe folgt im März 1953). Thomas erhält dafür den William Foyle Poetry Prize.

1953   21. April–28. Mai: 3. Amerika-Reise. Lesungen und Uraufführung von *Under Milk Wood*. – Plan eines Librettos für eine Oper von Igor Strawinsky. – 19. Oktober: 4. Amerika-Reise. Lesungen und Aufführungen der erweiterten Fassung von *Under Milk Wood*.
9. November: Tod Dylan Thomas' in New York, er wird in Laugharne, Wales, begraben.

Zeugnisse

Robert Ranke Graves
Er faszinierte den Leser durch den Klang seiner Wörter, ohne sich viel um deren Bedeutung zu kümmern. Ich meine nicht, daß die Sinnlosigkeit in seiner Absicht lag, wie etwa beim späten Yeats. Thomas scheint beschlossen zu haben, daß es nicht nötig ist, sich um die Bedeutung zu kümmern, so lange der Klang wirklich ankommt... Zuhörer, anders als Leser, sind in einem solchen Fall eher davon überzeugt, daß sie zu langsam oder zu beschränkt sind, um den Gedankengängen des Sprechers zu folgen. Aber die englischen Berufs-Poeten bestehen darauf, daß jedes Gedicht sich in eine verständliche Aussage übertragen lassen muß.
«These Be Your Gods, O Israel!». 1955

Edith Sitwell
Ich habe niemanden mit einem so gewinnenden Auftreten kennengelernt [wie Dylan Thomas]. Und das kam nicht allein von seiner Wärme, seinem Charme und seiner rührenden Drolligkeit. (Er war ein großer Schauspieler, aber niemals ein bösartiger.) Er liebte die Menschheit, aber er verachtete grausame Menschen und die herzlosen, die nicht immer identisch sind, und die kleinlichen sowieso. In seiner Begeisterung hatte er ein großes Herz. Etwas Unfreundliches habe ich ihn nie sagen gehört.
Vorwort zu A. J. Rolph: «Dylan Thomas. A Bibliography». 1956

«Time Magazine»
Dylan war der letzte Dreck, ein Lügner, ein Gauner, ein Dieb, ein Trunkenbold und Schläger, ein dickbäuchiger Priapus, der regelmäßig die Frauen seiner besten Freunde attackierte, ein gefühlskalter kleiner Hedonist, der nur um sich selbst kreiste, während seine Kinder hungerten... Obwohl er wie ein Chorknabe aussah, redete er wie ein Bolschewist. Er war angezogen wie ein Penner, er soff wie ein Loch und rauchte, als wolle er für den Krebs Werbung machen. Er rühmte sich, ein Anhänger der Onanie zu sein und ein Verhältnis mit einem Parlamentsabgeordneten zu haben.
Zitiert nach G. Watkins: «Portrait of a Friend». 1983, S. 165

Lawrence Durrell

Zu meiner Überraschung fand ich heraus, daß [Dylan] sehr langsam arbeitete. Seine kleine, quadratische Hand kam nur mühsam voran... Er jonglierte die Adjektive und Nomen, bis sie so zusammenpaßten, wie es seinem Thema entsprach. Er arbeitete oft jahrelang an einer Sache, bis er zufrieden war. Ich sah einmal einen Satz, der ein ganzes Notizbuch füllte, ständig in neuen Variationen.

«Encounter», Dezember 1957

Caitlin Thomas

Er lebte ganz in seiner eigenen Welt. Es war so: den besten Teil des Morgens verbrachte er in der Küche der Dorfkneipe, schloß Wetten auf Pferde ab und lauschte, ja tatsächlich, lauschte mit offenem Mund dem Klatsch und den Skandalgeschichten und trank langsam, aber regelmäßig dieses eklig schale Welsh Bitter. Beduselt kam er am frühen Nachmittag heim, aß dann immer allein, ohne mich und die Kinder. Ich kann ihn deshalb nicht tadeln; denn es gibt nichts Schlimmeres als beim Essen zankende Kinder. So machte er es wie ein respektabler viktorianischer Vater, der in seiner eigenen Kutsche fährt. Es kam selten vor, daß wir alle zusammen etwas unternahmen. Dann, wenn ihm der ganze Dreck und die Schläfrigkeit reichten, begab er sich in seine bescheidene Hütte, hoch über den Gezeiten thronend. Dort begann er sofort mit seinem Gekritzel, Gemurmel, Geflüster, Gebrüll, Psalmodieren, mit dem Jonglieren der Wörter. So ging es dann bis pünktlich um sieben.

«Leftover Life to Kill». 1957

Alfred Kazin

... es wurde schon lange vor seinem Tod zur schrecklichen Gewißheit, daß Dylan Thomas zwar ein wunderbarer Mensch war, aber voller Extreme, und daß er schon früh sterben werde. Nicht allein, daß er sich unmöglich aufführte, einmal einen Teller mit belegten Broten umwarf, ein andermal einem jungen weiblichen Dekan obszöne Anträge machte. Was ihn vielmehr für die einen unerträglich machte und wiederum für andere erst recht zu einer Herausforderung: er war tatsächlich ohne jede Hoffnung.

«The Atlantic Monthly», Oktober 1957

David Holbrook

[Dylan Thomas] erfand eine raunende Sprache, fern jeder Wirklichkeit. Und in ihrer klanglichen Effekthascherei und in ihrer absoluten Sinnlosigkeit repräsentierte seine Sprache für ihn und seine Leser eine befriedigende Rückkehr in die Trugwelt jener frühkindlichen Entwicklungsstufe, in der wir den unbequemen Widrigkeiten und Verlusten zu entgehen versuchen, die ein wachsender Realistätssinn notwendig mit sich bringt. Dies könnte auch den Alkoholismus und die sexuelle Promiskuität des Dichters erklären.

«Llareggub Revisited». 1962

ZEICHEN DER ZEIT

1914

Dylan Thomas wird geboren,
es ist das Jahr . . .

...in dem der Erste Weltkrieg ausbricht, und noch kann niemand wissen, wie verheerend die Folgen sein werden.

Von Ricarda Huch erscheint der dritte Band ihrer Geschichte des Dreißigjährigen Krieges «Der große Krieg in Deutschland». Als Mahnung in letzter Minute wird das Werk nicht verstanden.

Das deutsche Auslandskapital beziffert sich auf 24 Milliarden Mark. Den Pfandbrief gibt es seit 145 Jahren.

Pfandbrief und Kommunalobligation

Meistgekaufte deutsche Wertpapiere - hoher Zinsertrag - bei allen Banken und Sparkassen

Verbriefte  Sicherheit

Erich Fried

Obwohl seine ersten Gedichte schon vor mehr als drei Jahrzehnten erschienen, in denen der größte Teil der Lyrik, die damals in England in Schwung stand, veraltet ist oder zum bloßen Zeitdokument und Literaturfossil wurde, sind die Verse von Dylan Thomas heute noch mindestens so lebendig wie damals. Sie sind zugleich moderne Lyrik geblieben und klassisch geworden. Auch Dylan Thomas selbst ist für das englische Volk heute so sehr Bild und Legende des Dichters an sich, wie vielleicht ein Jahrhundert vor seiner Zeit Byron und Shelley, seither aber kein englischer Dichter.

Nachwort zu Dylan Thomas: «Ausgewählte Gedichte». 1967

Peter Sager

Dylan Thomas wollte nicht zu jenen Waliser Autoren gehören, die den Eindruck erwecken, «daß ihr Englischschreiben nur eine Herablassung sei, ein Zugeständnis an den Einfluß und die Allgegenwart einer tyrannischen Fremdsprache». Gab es nicht immer wieder Waliser, die «außerordentlich gute Gedichte in englischer Sprache» schrieben? «Ich möchte eigentlich annehmen, das kommt daher, daß sie vor allem gute Dichter waren und sind, und nicht gute Waliser.» Nein, zum Sprachrohr einer «Welsh only»-Bewegung hat er sich nie geeignet. Er schrieb zeitlebens nur Englisch, aber nicht das Oxford-Englisch von T. S. Eliot. Dem verfeinerten, ätherischen King's English von Bloomsbury schleuderte Dylan Thomas seine vitale, kataraktische, bilderstürmische Sprache entgegen, ein Englisch mit keltischen Knoten.

«Wales. Literatur und Politik, Industrie und Landschaft». 1985

Paul Ferris

Obwohl das wissenschaftliche Interesse stark nachgelassen hat, werden die Verse von Dylan Thomas immer wieder gedruckt. Man sagt heute allgemein, daß eine Handvoll seiner Gedichte auch in Zukunft noch gelesen werden wird. Und auch Thomas' romantische Radiokomödie *Under Milk Wood* hat ein treues Publikum, ein Werk, das von Anfang an wohlwollend aufgenommen worden ist, weil es nichts von der für Dylan typischen Dunkelheit besitzt.

«Observer», 30. Oktober 1988

Bibliographie

Im Englischen liegt bisher keine Gesamtausgabe der Werke von Dylan Thomas vor. Eine deutsche Werkausgabe wird im Hanser-Verlag München erscheinen. Die Bibliographie umfaßt die Erstausgaben selbständiger Buchtitel, nicht jedoch Beiträge für Anthologien und Zeitschriften. Für die Buchveröffentlichungen und je nach Erscheinungsort wurden bzw. werden die Texte oft überarbeitet oder neu zusammengestellt. Wie die Primär-, so sind auch einige Sekundärwerke Sammlungen verschiedener Textsorten. Überschneidungen sind daher unvermeidlich. – Stand: Herbst 1988

1. Bibliographische Hilfsmittel

Brinnin, John Malcolm: Bibliography. In: John Malcolm Brinnin (Ed.), A Casebook on Dylan Thomas. New York 1960. S. 295–310

Huff, William H.: Bibliography (App. C). In: Elder Olson, The Poetry of Dylan Thomas. Chicago 1954. S. 102–146

Korg, Jacob: Selected Bibliography. In: Jacob Korg, Dylan Thomas. New York 1965. S. 192–197

Maud, Ralph: Dylan Thomas in Print. A Bibliographical History. Appendix 1969–71 compiled by Walford Davis. London 1970

Murdy, Louise Baughan: Bibliography. In: Louise Baughan Murdy, Sound and Sense in Dylan Thoma's Poetry. The Hague/Paris 1966. S. 152–172

Reddington, Alphonsus M.: Bibliography. In: Alphonsus M. Reddington, Dylan Thomas. A Journey from Darkness to Light. New York 1968. S. 90–97

Rolph, Alexander J.: Dylan Thomas. A Bibliography. London 1956

Theisen, Sister Lois: Dylan Thomas. A Bibliography of Secondary Criticism. In: Bulletin of Bibliography 26 (1969). S. 9–28, 32, 36, 59–60

2. Werke

18 Poems. London (Sunday Referee and Parton Press) 1934

Twenty-Five Poems. London (Dent) 1936

The Map of Love. London (Dent) 1939

The World I Breathe. Norfolk (New Directions) 1939

Portrait of the Artist as a Young Dog. London (Dent)/Norfolk (New Directions) 1940

New Poems. Norfolk (New Directions) 1943

Deaths and Entrances. London (Dent) 1946

Selected Writings of Dylan Thomas. New York (New Directions) 1946

Twenty-Six Poems. London (Dent) 1950

In Country Sleep and Other Poems. New York (New Directions) 1952

Collected Poems, 1934–1952. London (Dent) 1952

The Collected Poems of Dylan Thomas. New York (New Directions) 1953

The Doctor and the Devils. London /(Dent)/New York (New Directions) 1953

Under Milk Wood. London (Dent)/New York (New Directions) 1954

Quite Early One Morning. Broadcasts. London (Dent)/New York (New Directions) 1954

Conversation About Christmas. New York (New Directions) 1954

Two Epigrams of Fealty Galsworthy and Gawsworth. Privatdruck John Gawsworth 1954

A Prospect of the Sea and Other Stories and Prose Writings. London (Dent) 1955

Adventures in the Skin Trade and Other Stories. London (Putnam)/New York (New Directions) 1955

A Child's Christmas in Wales. Norfolk (New Directions) 1955

The Beach of Falesá. London (Cape)/New York (Stein and Day) 1963

The Colours of Saying. An Anthology of Verse. Spoken by DYLAN THOMAS. RALPH MAUD/ANEIRIN DAVIES (Eds.). London (Dent) 1963

Miscellany One: Poems Stories Broadcasts. London (Dent) 1963

Twenty Years A-Growing. A film script from the story by Maurice O'Sullivan. London (Dent) 1964

Rebecca's Daughters. London (Triton)/Boston (Little, Brown & Company) 1965

Me and My Bike. New York (McGraw Hill)/London (Triton) 1965

Miscellany Two. London (Dent) 1966

The Notebooks of Dylan Thomas. RALPF MAUD (Ed.). New York (New Directions) 1967; London (Dent) [1968 unter dem Titel: Poet in the Making]

Early Prose Writings. WALFORD DAVIES (Ed.). London (Dent)/New York (New Directions) 1971

The Poems of Dylan Thomas. DANIEL JONES (Ed.). London (Dent) 1971

The Death of the King's Canary. By DYLAN THOMAS and JOHN DAVENPORT. London (Hutchinson) 1976

Miscellany Three. Poems and Stories. Dent (London) 1978

Laugharne. By DYLAN THOMAS and TRYNTJE V. SEYMOUR. (Lime Rock Press) o. J. u. O.

The Collected Stories. New York (New Directions) 1984

Collected Poems. WALFORD DAVIES/RALPH MAUD (Eds.). London (Dent) 1988

3. Briefe

Letters to Vernon Watkins. VERNON WATKINS (Ed.). London (Dent)/ New York (New Directions) 1957

Selected Letters of Dylan Thomas. CONSTANTINE FITZGIBBON (Ed.). London (Dent) 1966

The Collected Letters. PAUL FERRIS (Ed.). New York (Macmillan) 1985

4. Tonaufnahmen

Vgl.: A. Thomas Discography. In: LOUISE BAUGHAN MURDY, Sound and Sense in Dylan Thomas's Poetry. The Hague/Paris 1966. S. 109–116

5. Drehbücher

Vgl.: Film Scripts by Dylan Thomas. In: CONSTANTINE FITZGIBBON, The Life of Dylan Thomas. London (Dent) 1965. S. 400–402

6. Manuskripte

Die umfangreichste Sammlung der Notizbücher besitzt die Lockwood Library der State University of New York, Buffalo. Andere Manuskripte liegen im Britischen Museum, in den BBC-Archiven, in Harvard und in verschiedenen Privatsammlungen.

7. Deutsche Übersetzungen

Tode und Tore. Gedichte Englisch und Deutsch. Übertragen von REINHARD PAUL BECKER. Heidelberg (Kerle) 1952

Unter dem Milchwald. Ein Spiel für Stimmen. Deutsch von ERICH FRIED. Heidelberg (Drei Brücken) 1954; Stuttgart (Reclam) 1981, mit einem Nachwort von HANS BENDER; Frankfurt a. M. (S. Fischer) 1984

Am frühen Norgen. Autobiographisches, Radio-Essays, Gedichte und Prosa. Deutsch von ERICH FRIED. Heidelberg (Drei Brücken) 1957

Unter dem Milchwald. Dramatisches, Erzählendes, Lyrisches. Eine Auswahl. Deutsch von ERICH FRIED. Hamburg (Rowohlt) 1958

Der Doktor und die Teufel. Deutsch von ERICH FRIED. Frankfurt a. M. (S. Fischer) 1959; Hofheim (Wolke) 1987

Ein Blick aufs Meer und andere Geschichten. Deutsch von ERICH FRIED und ENZIO V. CRAMON. Heidelberg (Drei Brücken) 1961; Frankfurt a. M. (S. Fischer) 1984

Eines Kindes Weihnacht in Wales – Erzählung. Englisch/Deutsch. Übertragen von ERICH FRIED. Zürich (Arche) 1964; Heidelberg (Drei Brücken) 1966

Ausgewählte Gedichte. Englisch/Deutsch. Übertragen von ERICH FRIED. München (Hanser) 1967; München (Heyne) 1984

Abenteuer in Sachen Haut. Deutsch von ALEXANDER SCHMITZ. München (Hanser) 1971

Unter dem Milchwald. Ganz früh eines Morgens. Ein Blick aufs Meer. Deutsch von ERICH FRIED. München (Hanser) 1973; München (dtv) 1979

Portrait des Künstlers als junger Dachs. Roman. Deutsch von FRIEDRICH POLAKOVICS. München (Hanser) 1978

Rebecca's Töchter. Deutsch von WULF TEICHMANN. Frankfurt a. M. (Eichborn) 1983

Ganz früh eines Morgens. Deutsch von ERICH FRIED. Frankfurt a. M. (S. Fischer) 1984

Arbeit am Wortwerk. Gedichte und Geschichten. Deutsch von REINHARD PAUL BECKER, ERICH FRIED, WOLFGANG HILBIG, BERNHARD SCHELLER, ALEXANDER SCHMITZ. Leipzig (Philipp Reclam jun.) 1985

Der Strand von Falesá. Roman. Deutsch von HARRY ROWOHLT. Frankfurt a. M. (Eichborn) 1988

8. Biographien, Erinnerungen

ACKERMANN, JOHN: Welsh Dylan. Dylan Thomas' Life, Writing, and his Wales. Cardiff 1979

Adam International Review: Dylan Thomas Memorial Number. No 238 (1953)

Adelphi: Dylan Thomas Number (First Quarter 1954)

AMIS, KINGSLEY: An Evening with Dylan Thomas. In: Spectator (November 1957), S. 737

BIRNEY, EARLE: Dylan Thomas and Malcolm Lowry in Vancouver. Memories of twentieth century writers and writing. Toronto 1981

BRINNIN, JOHN MALCOLM: Dylan Thomas in America: An intimate journal. Boston 1955 – Deutsch: Dylan Thomas. Der langsame Tod eines Dichters. Aus dem Amerikanischen übertragen von Hanns Krammer. Bremen 1962

BRINNIN, JOHN MALCOLM (Ed.): A casebook on Dylan Thomas. New York 1960

BURNS, RICHARD: The Drunkard (in memory of Dylan Thomas). In: New Measure (1967), S. 10–15

DAVENPORT, DIANA: The Malting House summer. In: New Review (1976), S. 66–70

DAVENPORT, JOHN: Patterns of Friendship. In: The Listener (4. 1. 1962), S. 26–27

Dock Leaves: A Dylan Thomas Number. No 13 (1954)

Encounter: Dylan Thomas. Memories and Appreciations (January 1954)

FERRIS, PAUL: Dylan Thomas. London 1977

FIRMAGE, GEORGE J. (Ed.): A Garland for Dylan Thomas. New York 1963

FITZGIBBON, CONSTANTINE: The Life of Dylan Thomas. London 1965

HALL, DONALD: Remembering Poets. Reminiscences and Opinions: Dylan Thomas e. a. New York 1978

Johnson, Pamela Hansford: Important to me. Personalia. London 1974

Jones, Daniel: My Friend Dylan Thomas. London 1977

Kazin, Alfred: The Posthumous Life of Dylan Thomas. In: The Atlantic Monthly (October 1957), S. 164–168

Lewis, Min: Laugharne and Dylan Thomas. London 1967

Lindsay, Jack: Memories of Dylan Thomas. In: Meanjin (Autumn 1966), S. 48–75

McKenna, Rollie: Portrait of Dylan. A Photographer's Memoir. Maryland 1982

Sinclair, Andrew: Dylan Thomas. Poet of his people. London 1975

Poetry: A Dylan Thomas Number (November 1955), S. 63–129

Tedlock, E. W. (Ed.): Dylan Thomas. The legend and the poet. A collection of biographical and critical essays. London 1960

Thomas, Caitlin: Leftover Life to Kill. London/Boston 1957

Thomas, Caitlin: Not Quite Posthumous Letters To My Daughter. London 1963

Thomas, Caitlin/Georg Tremlett: A Warning Absence. London 1986

Todd, Ruthven: Dylan Thomas. A personal memoir. In: Mediterranean Review (1971), S. 15–23

Watkins, Gwen: Portrait of a Friend. Llandysul, Dyfed. 1983

Yale Literary Magazine: A Dylan Thomas Number (November 1954)

9. Monographien

Binni, Francesco: Dylan Thomas. Firenze 1973

Bokanowski, Hélène: Dylan Thomas sa vie et son œuvre. Paris 1975

Burdette, Robert K.. The Saga of Prayer. The Poetry of Dylan Thomas. The Hague/Paris 1972

Burns, Richard: Ceri Richards and Dylan Thomas. Keys to Transformation. London 1981

Cleverdon, Douglas: The Growth of Milk Wood. London 1969

Davies, Aneirin Talfan: Dylan. Druid of the Broken Body. London 1964

Davies, Walford: Dylan Thomas. University of Wales Press 1972

Davies, Walford: Dylan Thomas. A Third Level Course. Aberystwyth 1976

Emery, Clark: The World of Dylan Thomas. Miami 1962/London 1971

Fraser, G. S.: Dylan Thomas. London 1957

Gallo, Bruno: La Metropoli dei Pesci. La Poesia di Dylan Thomas. Bergamo 1976

Haya, Ken'ichi: Diran Tomasu [Dylan Thomas]. Tokio 1983

Holbrook, David: Llareggub Revisited. Dylan Thomas and the State of Modern Poetry. London 1962; Reprint unter dem Titel: Dylan Thomas and Poetic Dissociation. Carbondale 1964

Holbrook, David: Dylan Thomas. The Code of Night. London 1972

Jones, T. H.: Dylan Thomas. Edinburgh/London 1963

Karrer, Wolfgang: Die Metaphorik in Dylan Thomas' «Collected Poems». Bonn 1971

Kappus, Dieter: Die dichterische Entwicklung von Dylan Thomas. Freiburg i. B. (Diss. masch.) 1960

Kershner, R. B.: Dylan Thomas. The Poet and his Critics. Chicago 1976

Kidder, Rushworth M.: Dylan Thomas. The Country of the Spirit. Princeton (New Jersey) 1973

Kleinman, Hyman H.: The religious sonnets of Dylan Thomas. A study in imagery and meaning. Berkeley/New York 1964

Korg, Jacob: Dylan Thomas. New York 1965

Lane, Gary: A Concordance to the Poems of Dylan Thomas. Metuchen (New York) 1976

Maud, Ralph: Entrances to Dylon Thomas' Poetry. Pittsburgh 1963

Michaels, Sidney: Dylan Thomas (A play). New York 1964

Miller, J. Hillis: Poets of Reality. Six Twentieth-Century Writers. Cambridge (Mass.)/London 1966

Moynihan, William T.: The Craft and Art of Dylan Thomas. Ithaca (New York) 1966

MURDY, LOUISE BAUGHAN: Sound and Sense in Dylan Thomas's Poetry. The Hague/Paris 1966

NEUVILLE, H. RICHARD: The Poetry of Dylan Thomas. New York 1965

OLSON, ELDER: The Poetry of Dylan Thomas. Chicago 1954

PERKINS, D. C.: The World of Dylan Thomas. Swansea 1975

PRATT, ANNIS: Dylan Thomas' Early Prose. A Study in Creative Mythology. Pittsburgh 1970

REDDINGTON, ALPHONSUS M.: Dylan Thomas. A Journey from Darkness to Light. New York 1968

SANESI, ROBERTO: Dylan Thomas. Milano 1960

SIMPSON, LOUIS: A Revolution in Taste. Studies of Dylan Thomas e. a. New York 1979

STANDFORD, DEREK: Dylan Thomas. A Literary Study. London 1954

TELLIER, A.-R.: La Poésie de Dylan Thomas. Thèmes et Formes. Paris 1963

TINDALL, WILLIAM YORK: A Reader's Guide to Dylan Thomas. New York/London 1962

TREECE, HENRY: Dylan Thomas «Dog Among the Fairies». London 1949

WEST, PAUL: Doubt and Dylan Thomas. Newfoundland 1970

WILLIAM, ROBERT COLEMAN (Ed.): A Concordance to the Collected Poems of Dylan Thomas. Lincoln (Nebraska) 1967

10. Aufsatzsammlungen, Aufsätze (Auswahl)

ACKERMAN, JOHN: A La Recherche du Temps Gallois. Dylan Thomas's Development as a Prose Writer. In: Anglo-Welsh Review (1986), S. 86–95

ADAMS, ROBERT MARTIN: Taste and Bad Taste in Metaphysical Poetry. Richard Crashaw and Dylan Thomas. In: Hudson Review (Autumn 1955), S. 61–77

ASSELINEAU, ROGER: Dylan Thomas. In: Études Anglaises (Janvier 1954), S. 89–100

BEARDSLEY, MONROE/SAM, HYNES: Misunderstanding Poetry. Notes on some Readings of Dylan Thomas. In: College English (March 1960), S. 315–322

BENTLEY, GREGORY: Dylan Thomas in Arcadia. The Pan Motif in the «Collected Poems». In: Anglo-Welsh Review (1979), S. 91–104

BLÖCKER, GÜNTHER: Zu Dylan Thomas' «Unter dem Milchwald». In: Akzente (Februar 1959), S. 89–96

BLOOM, EDWARD A.: Dylan Thomas' «Naked Vision». In: Western Humanities Review (1960), S. 389–400

BRAEM, HELMUT M.: Dylan Thomas. In: HERMANN FRIEDMANN (Hg.), Christliche Dichter der Gegenwart. Heidelberg 1955. S. 254–266

BURGESS, ANTHONY: The Writer and the Drunk. In: Spectator (4. November 1966), S. 588

CAMBON, GLAUCO: Two Crazy Boats: Dylan Thomas and Rimbaud. In: English Miscellany (1956), S. 251–259

COMBECHER, HANS: Interpretationen zu drei Gedichten von Dylan Thomas. In: Die Neueren Sprachen (1962), S. 130–142

COMBECHER, HANS: Tod und Transzendenz in zwei Gedichten von Dylan Thomas. In: Die Neueren Sprachen (1963), S. 554–562

COX, C. B. (Ed.): Dylan Thomas. A Collection of Critical Essays. New York 1966

DAVIES, WALFORD: Imitation and Invention. The Use of Borrowed Material in Dylan Thomas's Prose. In: Essays in Criticism (July 1968), S. 275–295

DAVIES, WALFORD (Ed.): Dylan Thomas. New Critical Essays. London 1972

DAVIS, W. EUGENE: The Making of «A Child's Christmas in Wales». In: Arizona Quarterly (1973), S. 342–351

DOMINIK, HART: The experience of Dylan Thomas' poetry. In: Anglo-Welsh Review (1977), S. 73–78

EMPSON, WILLIAM: To Understand a Modern Poem. In: Strand (March 1947), S. 60–64

EVANS, OLIVER: The Making of a Poem: Dylan Thomas' «Do not go gentle into that good night». In: English Miscellany (1955), S. 163–173

EVANS, OLIVER: The Making of a Poem II: Dylan Thomas' «Lament». In: English Miscellany (1956), S. 241–249

GILMORE, HAYDN: Dylan Thomas as journalist. In: Journalism Quarterly (1971), S. 554 bis 558

GREGORY, HORACE: Romantic Heritage in the Writings of Dylan Thomas. In: Poetry (1947), S. 326–336

HAAS, RUDOLF: Dylan Thomas «Under Milk Wood». In: HORST OPPEL (Hg.), Das moderne englische Drama – Interpretationen. Berlin (1963). S. 289–302

HALL, DONALD: Dylan Thomas and public suicide. In: American Poetry Review (1978), S. 7–13

HAPPEL, NIKOLAUS: «The force that through the green fuse». In: Die Neueren Sprachen (1968), S. 433–438

HILTON, JAN: The Poetic Medicine Man. Dylan Thomas and Germany. In: Anglo-Welsh Review (1978), S. 93–99

HOGLER, RAYMOND L.: Dylan Thomas. The Development of an Idiom. In: Anglo-Welsh Review (1972), S. 102–123

HOLLEY, LINDA TARTE: Dylan Thomas' «Fern Hill». The Breaking of the Circles. In: Concerning Poetry (1982), S. 59–67

HOLZINGER, SILVIA / OTTO, RAUCHBAUER: Dylan Thomas's «These Are the Men». The poet turned propagandist? In: Wiener Beiträge zur englischen Philologie (1983), S. 31–54

HORAN, ROBERT: In Defence of Dylan Thomas. In: Kenyon Review (1945), S. 304–310

HUGHES, RICHARD: Wales through the Looking Glass. In: The Listener (May 24, 1951), S. 838–839

KERTZER, J. M.: Argument of the Hewn Voice. The Early Poetry of Dylan Thomas. In: Contemporary Literature (1979), S. 293–315

LANDER, CLARA: With Welsh and Reverent Rock. The Biblical Element in Dylan Thomas. In: Queen's Quarterly (1958), S. 437–447

LEDEBUR, RUTH V.: Interpretationen zu «Fern Hill» und «The hand that signed the paper». In: REINHOLD SCHIFFER (Hg.), Insight III. Analyses of English and American Poetry. Frankfurt a. M. (1969), S. 299–311

LEWIS, PETER ELFED: «Under Milkwood» as Radio Poem. In: Anglo-Welsh Review (1979), S. 74–90

MAUD, RALPH N.: Dylan Thomas' Poetry. In: Essays in Criticism (1954), S. 411–420

MAUD, RALPH N.: Dylan Thomas astronavigated. In: Essays in Criticism (1955), S. 164–168

MAUD, RALPH N.: Obsolete and dialect words as serious puns in Dylan Thomas. In: English Studies (1960), S. 28–30

MAUD, RALPH: Dylan Thomas' «Collected Poems». Chronology of Composition. In: Publications of the Modern Language Association of America (June 1961), S. 292–297

MCKAY, DON: What Shall We Do with a Drunken Poet? In: Queen's Quarterly (1986), S. 794–807

MELLER, HORST: Zum literarischen Hintergrund von Dylan Thomas' «Under Milk Wood». In: Die Neueren Sprachen (1966), S. 49–58

MELLER, HORST: Dylan Thomas: «A Refusal to Mourn the Death, by Fire, of a Child in London». In: KARL HEINZ GÖLLER (Hg.), Die englische Lyrik II. Düsseldorf 1968. S. 378 bis 389

MILLER, MICHAEL G.: Whitman's Influence on Dylan Thomas's «Poem in October». In: Walt Whitman Review (1981), S. 155–158

MORTON, RICHARD: Notes on the imagery of Dylan Thomas. In: English Studies (1962), S. 155–164

MOYNIHAN, WILLIAM T.: Dylan Thomas and the «Biblical Rhythm». In: PMLA (Dez. 1964), S. 631–647

MURPHY, B. W.: Creation and Destruction. Notes on Dylan Thomas. In: British Journal of Medical Psychology (1968), S. 149–167

NEMAN, BETH: A Stylistic Study of Dylan Thomas's «Altarwise by owl-light». In: Language and Style (1985), S. 302–318

NISBET, ROBERT: Dream and Innocence: on Dylan Thomas's prose. In: Planet (1979), S. 37–43

NOEL, JACQUES: Dylan Thomas and the state of modern poetry. In: Revue des Langues Vivantes (1963), S. 529–535

OCHSHORN, MYRON: The Love Song of Dylan Thomas. In: New Mexico Quarterly (Spring 1954), S. 46–65

OPPEL, HORST: Interpretationen zu «A Refusal to Mourn» und «In My Craft or Sullen Art». In: HORST OPPEL (Hg.), Die moderne englische Lyrik. Berlin 1967. S. 244–261

PFISTER, MANFRED: Die Villanelle in der englischen Moderne: Joyce, Empson, Dylan Thomas. In: Archiv (1982), S. 296–317

PHILLIPS, ARTHUR: Dylan Under Milkwood. In: The South Atlantic Quarterly (1979), S. 428–435

RAY, PAUL C.: Dylan Thomas and the surrealists. In: Notes and Queries (1965), S. 275

REES, ALAN: Dylan Thomas and the BBC. In: Listener (1973), S. 516–521

SACHS, ARIEH: Sexual Dialectic in the Early Poetry of Dylan Thomas. In: Southern Review – Australia (1964), S. 43–47

SAUNDERS, THOMAS: Religious elements in the poetry of Dylan Thomas. In: Dalhousie Review (1966), S. 492–497

SCHELLER, BERNHARD: «Mein Handwerk meine trübe Kunst». In: DYLAN THOMAS, Arbeit am Wortwerk. Leipzig 1985. S. 7–31

SCHVEY, HENRY: Dylan Thomas and Surrealism. In: Dutch Quarterly Review of Anglo-American Letters (1975), S. 83–97

SCHWARZ, DANIEL R.: «And the Wild Wings Were Raised» – Sources and Meaning in Dylan Thomas' «A Winter's Tale». In: Twentieth Century Literature (1979), S. 85–98

SEARGENT, HOWARD: The Religious Development of Dylan Thomas. In: Review of English Literature (April 1962), S. 59–67

SITWELL, EDITH: Dylan Thomas. In: The Atlantic Monthly (February 1954), S. 42–45

SPENDER, STEPHEN: A romantic in revolt. In: Spectator, 5. Dezember 1952, S. 780–781

STANDFORD, DEREK: Dylan Thomas. A Literary Post-Mortem. In. Queen's Quarterly (Autumn 1964), S. 405–418

STEPHENS, RAYMOND: Dylan Thomas and the biographers. In: Planet (1979), S. 34–37

SUNDQUIST, ERIC J.: In Country Heaven – Dylan Thomas and Rilke. In: Comperative Literature (1979), S. 63–78

SYMONS, JULIAN: Obscurity and Dylan Thomas. In: Kenyon Review (1940), S. 61–71

THOMPSON, KENT: An Approach to the Early Poems of Dylan Thomas. In: Anglo-Welsh Review (1964/65), S. 81–89

TINKLER, VALERIA: Dylan Thomas as Poet and Story-Teller. In: Dutch Quarterly Review of Anglo-American Letters (1981), S. 222–237

TRITSCHLER. DONALD: The Stories in Dylan Thomas's «Red Notebook». In: Journal of Modern Literature (1971), S. 33–56

VERGHESE, C. PAUL: Religion in Dylan Thomas's Poetry. In: Literary Criterion (1968), S. 35–41

WITTREICH, ANTHONY JOSEPH: Dylan Thomas' Conception of Poetry. A Debt to Blake. In: English Language Notes (March 1969), S. 197–200

WOODCOCK, GEORGE: Dylan Thomas and the Welsh Environment. In: Arizona Quarterly (1954), S. 293–305

Zahlreiche Gedichte von Dylan Thomas werden in verschiedenen Ausgaben der Zeitschrift «The Explicator» interpretiert.

Namenregister

Die kursiv gesetzten Zahlen bezeichnen die Abbildungen

156

Quellennachweis der Abbildungen